DER WEG DES PILGERS

ISBN 3-931721-39-6
© 2000 by Arche Noah, Musik- und Buchverlag
D-25917 Oster-Schnatebüll
TEL.: 0700 – 27243 6624 (Arche Noah)
FAX: 0700 – 27243 6634
e-mail: verlag.arche.noah@t-online.de
Internet: www.verlagarchenoah.de

Printed in Germany - Alle Rechte vorbehalten.
Druck: Kessler Verlagsdruckerei, Bobingen
Umschlaggestaltung: Jürgen Rüsch, Studio Leidner, Idstein/Ts.

Uwe Gurlt

Der Weg des Pilgers

- Ein spiritueller Roman -

ARCHE NOAH
Musik ✶ Buchverlag

Inhaltsverzeichnis

Wehe, die Welt ist voll von gewaltigen

Lichtern und Geheimnissen,

und der Mensch verstellt sie sich

mit seiner kleinen Hand

Baal Schem Tow [1]

Das Leid

Jannis wachte auf, weil etwas immer wieder unbarmherzig auf den Tisch neben seinem Ohr schlug. Er wehrte sich gegen dieses Geräusch und versuchte wieder einzuschlafen. Es ging nicht. Mühsam neigte er seinen Kopf und öffnete einen winzigen Spalt breit seine Augen. Nichts. Aber das Hämmern war immer noch da. Es war jetzt gleichzeitig im Nebenzimmer und in seinem Kopf. Verfluchter Alkohol! Er versuchte sich zu erinnern.

Er war in die Hotelbar gegangen, wie seit Wochen an jedem Abend. Er saß an der Bar und bestellte den ersten Drink. Die schwüle Hitze des Tages, der man nie entfliehen konnte, machte ihm auch um diese Zeit noch zu schaffen. Aber es war ihm egal.

„Darf ich Ihnen Gesellschaft leisten?"

---

[1] Aus: „Unterweisung im Umgang mit Gott", Verlag Jakob Hegner, Hellrau, 1927

1

Langsam, fast behäbig drehte er den Kopf in die Richtung, aus der die samtene Altstimme gekommen war.

„Warum nicht", hörte er sich sagen. Er musterte die Stimme. Schlank, vollbusig, attraktiv. Um ihre Mundwinkel spielte ein leicht verwegener Zug, den ihre Augen sofort Lügen straften, vielleicht war sie einsam. „Wollen Sie etwas trinken?" Er bemühte sich um Charme. Das, woran er sich noch erinnerte. Es schien zu lange her zu sein. Und doch war es wie gestern.

*

Wie jeden Morgen war er auch an diesem Tag ins Büro gefahren. Sie hatten gemeinsam gefrühstückt. Elli war eine bewundernswerte Frau. Es schien, als würden ihr die drei Geburten, die Jahre der Kindererziehung, des Haushalts nichts anhaben können. Sie war seit kurzem ins berufliche Leben zurückgekehrt. Ihr Schwung und ihr Elan konnten jedermann mitreißen. Jetzt schaute sie Jannis verständnisvoll an. Es brauchte keine Worte zwischen ihnen. Sein Ärger im Büro, die Sorgen, die er seit Wochen mit sich herumtrug, schienen leichter zu sein, wenn sie ihm so nah war.

„Wie ich sie liebe", dachte er, lehnte sich in seinem Stuhl zurück und ließ seine Gedanken schweifen.

Jannis' Großvater war gerade noch rechtzeitig aus dem Nazi-Deutschland geflohen. Er hatte als Schlosser gearbeitet in einem kleinen Ort in der Nähe von München. Yitzhak Goldstein war ein angesehener Mann. Er fuhr jeden Freitag in die Synagoge nach München und seine

Frau Rachel bereitete den Sabbath nach alter Tradition. Dann kam der Tag, an dem Schmoel, ihr einziger Sohn, das erste Mal zerschunden und verprügelt von der Schule heimkam.

„Sie haben ‚Judensau' zu mir gesagt und mir ins Gesicht gespuckt! Dann haben sie mich mit Zaunlatten geprügelt und mich angepinkelt."

Ruhig, ohne ein Wort zu sagen, ging Yitzhak am nächsten Morgen mit zur Schule. Er wartete mit Schmoel an der Ecke des Schulhauses auf den Anführer. Bevor der überhaupt begriff, was geschah, hatte ihn Yitzhak mit seinen riesigen Händen gepackt und gab ihm zwei gewaltige Ohrfeigen. Das Klatschen hallte über den ganzen Schulhof. Schmoel hatte von jetzt an Ruhe, aber er hatte auch Angst. Angst vor dem Schulweg, Angst vor der Schule, Angst vor den anderen. Nur eins hatte er nicht mehr - Freunde.

Als sie das erste Mal im Laden um die Ecke nicht mehr bedient wurden, packten Yitzhak und Rachel die Habseligkeiten, die sie mitnehmen konnten, verkauften alles andere weit unter Wert und kauften eine Schiffspassage nach New York. Sie hatten die Vorboten des drohenden Unheils erkannt.

Mit unermüdlicher Arbeit schafften sie einen Neuanfang. Yitzhak schuftete in zwei Jobs gleichzeitig und Rachel ging bei wohlhabenden Leuten putzen. Sie ermöglichten Schmoel eine Ausbildung, und bald verließ der das Haus seiner Eltern und heiratete eine Schickse, eine Nicht-Jüdin, sehr zum Kummer seines Vaters. Schmoel und seine Frau, Kathrin, siedelten sich in einem kleinen Ort an der Ostküste an. Schmoel war an der religiösen Tradition seiner Vorfahren nicht mehr interessiert, er konvertierte und trat der anglikanischen Kirche bei. Nicht so sehr aus religiöser Überzeugung, sondern eher Kathrin zum Gefallen. So führte er ein gesichertes, durchschnittliches Leben, fernab aller religiösen Tradition und ebenso weit entfernt von politischen Unruhen oder Verfolgungen. Den Namen für ihren Sohn suchte Kathrin aus: Jannis. Jannis wuchs in der Kleinstadtidylle auf, ging zur Highschool und zum College, spielte im Football-Team und hatte Freunde. Schmoel sah ihn zufrieden aufwachsen. Jannis brauchte keine Angst zu haben.

Mit zwanzig stürzte sich Jannis ins Großstadtleben. Er studierte an der Technischen Hochschule in Washington Ingenieurwesen für Brückenbau. Er war beliebt bei den Kommilitonen und ließ kein Studentenfest aus. Dank seines ausgeglichenen Wesens, seines Humors und seiner stattlichen Erscheinung war er bei den weiblichen Studenten noch beliebter. In seinem Gesicht vereinte er Züge des dunklen, südlich-jüdischen Typs seines Großvaters mit den hellen nordischen Merkmalen, die ihm seine Mutter vererbt hatte. Diese Mischung von zwei völlig verschiedenen Typen, die sich auch in seinem Wesen widerspiegelte, machte ihn für das weibliche Geschlecht besonders anziehend. Nie verlor er jedoch die Kontrolle über sich.

Es geschah auf einem dieser Semesterabschlussfeste. Jannis stand an der Bar, plauderte zwischen zwei Drinks mit Freunden und ließ währenddessen seinen Blick in die Runde schweifen. Plötzlich trafen sich ihre Blicke. Er musterte sie abschätzend, mit dem Blick des erfolgsgewohnten Mannes, der sich seiner Attraktivität und der Wirkung, die er auf Frauen ausübte, durchaus bewusst ist. Sie hielt seinem Blick stand, neugierig und warmherzig lächelnd. Ihr blondes Haar umrahmte ihr zartes, fein geschnittenes Gesicht, auf dem sich die Wangenknochen ganz leicht und doch markant abzeichneten, wenn sie lächelte. Den größten Eindruck aber machten ihre großen tiefbraunen Augen auf ihn. Jannis lächelte zurück, aber diesmal war es ein anderes Lächeln, als das aufgesetzte Siegerlächeln, das er sich sonst für solche Momente aufhob. Ohne den Blick von ihr zu wenden, kämpfte er sich durch die Knäuel von Menschen zu ihr durch. Er hoffte, er würde sie mit seinen Blicken zum Stillstehen veranlassen können, und er hatte gleichzeitig Angst, sie könnte sich abwenden und weggehen, wenn er nur für einen Moment den Blickkontakt verlor. Endlich stand er vor ihr. Sie hatte gewartet – amüsiert, gespannt, strahlend.

Jannis fiel nicht das Geringste ein, was er hätte sagen können. Alle abgedroschenen Anmacherphrasen waren wie aus seinem Hirn gelöscht. Er war verwirrt, aber um keinen Preis wollte er diesen Augenblick tatenlos verstreichen lassen. Er nahm ihre Hand und zog sie auf die Tanzfläche. Sie war ganz leicht errötet und ein wenig verlegen, war sich aber sicher genug, um ihn geradewegs anzuschauen. Jannis fühlte sich leicht unbehaglich. Es war, als würden diese Augen bis auf den Grund seiner Seele schauen können. Erst jetzt war ihm klar, dass sein beschleunigter Atem nicht vom Tanzen herrührte. Ein unbändiger, zärtlicher Drang überkam ihn, er hörte auf zu tanzen, stand still und zog sie behutsam zu sich.

„Ich würde dir unheimlich gern einen Kuss geben, aber ich weiß nicht, ob ich mich trauen soll."

Sie nickte leicht und kam ihm entgegen. Ihre Lippen berührten sich nur ganz leicht, und doch war soviel Zärtlichkeit und soviel Zugeneigtsein in dieser Berührung, dass seine Hände zitterten. Erst viel später an diesem Abend fragte er sie nach ihrem Namen. Elisabeth. Elli.

Jannis brachte sie erst nach Hause, als der Morgen schon dämmerte. Sie gingen durch die leeren Straßen, und er hatte ein Gefühl der Erleichterung, als hätte er schon lange vergeblich auf diesen Tag gewartet, auf diese junge Frau gewartet. Auf der Treppe des Hauses ihrer Eltern verabschiedeten sie sich. Sie wollten sich noch nicht voneinander lösen und mussten sich gegenseitig mehrmals versichern, dass sie sich am nächsten Tag wiedersehen würden. Sie sahen sich am nächsten Tag und an jedem anderen der folgenden Jahre.

Nachdem er sein Studium beendet und promoviert hatte, bat Jannis sie, seine Frau zu werden. Elli hatte diese Frage erhofft und erwartet, herbeigesehnt. Sie heirateten sechs Wochen später. Jannis bekam eine Stelle bei einer der angesehensten Firmen des Staates. Ein Jahr später gebar Elli ihren ersten Sohn, Jean, zwei Jahre später Philipp, der zweite Sohn und ein weiteres Jahr danach kam Marie zur Welt.

Jannis' Gedanken wanderten zu den Kindern, die oben in ihren Betten lagen und das lange Ausschlafen in den Ferien genossen. Noch eine Woche an diesem Projekt, dann würde auch er Urlaub nehmen, und sie könnten zusammen ans Meer fahren. Er genoss die gemeinsamen Urlaube. Mit seiner Familie konnte er Kraft tanken, ausspannen, abschalten. Und doch blieb seine Arbeit immer im Hinterkopf. Sie war ihm wichtig, und ihr musste er das familiäre Leben unterordnen. Aber diesmal hatte

Elli ihn gebeten, ohne Handy oder Laptop zu fahren. Er hatte seufzend nachgegeben. Die Kinder würden es begrüßen und ihn voll in Beschlag nehmen. Jean, der ältere, bereits ein kräftiger Jugendlicher mit seinen dreizehn Jahren und Philipp, der den Unterschied von fast zwei Jahren zu seinem Bruder und seine geringere Körpergröße mit wildem Temperament und Wagemut ausglich. Neben ihnen wirkte die kleine Marie fast zerbrechlich. Sie hatte große, tiefbraune Augen. Manchmal verlor sich ihr Blick, und niemand wusste, wo sie in solchen Momenten weilte.

„Du musst dich wehren", hatten ihre Brüder oft gesagt, wenn sie weinend von der Schule heimkam. Aber sie hatte nur traurig den Kopf geschüttelt. „Dann weinen ja zwei", hatte sie gesagt, „das ist auch nicht besser."

Ihre Brüder vergötterten sie, und auch Jannis und Elli waren von ihrem sanftmütigen Wesen vereinnahmt. Mit ihren zehn Jahren liebte sie Märchen und Gedichte, und wenn sie abends aus ihrem Büchlein etwas vorlas, wusste man nicht, was einen mehr in Bann schlug: ihre weiche und noch kindliche Stimme, ihr Mienenspiel, das zwischen Entzücken und Ernsthaftigkeit hin- und herspielte oder ihre tiefen, braunen Augen, die mit einem Blick die Aufmerksamkeit aller forderten.

„Meine Prinzessin", dachte Jannis und erinnerte sich an ihre schwere Geburt. Sie war zu früh gekommen. Elli war durch eine lange Krankheit geschwächt, und beide rangen tagelang mit dem Tod. Zum ersten Mal seit langer Zeit hatte er gebetet. Zumindest hatte er es versucht. „Wenn es dich gibt, Gott, bitte hilf mir. Lass sie nicht sterben!" Drei Tage und drei Nächte wachte er, blieb im Hospital und hatte nur diesen Gedanken. Sie hatten sich erholt und sie lebten.

Er dachte nicht mehr oft daran zurück. Das Leben hatte sie wieder und der Alltag verschlang derlei Gedanken mit seiner Betriebsamkeit. „Was für ein merkwürdiges Wort", dachte er. „Die Menschen arbeiten in Betrieben, befriedigen ihre Triebe und trieben irgendwohin."

Die Küchenuhr schlug und er sah mechanisch auf seine Armbanduhr. Acht Uhr. Es war Zeit loszufahren. Er lenkte seinen Wagen durch den Großstadtverkehr. Seine Gedanken waren schon bei dem Projekt und der Besprechung, die auf ihn wartete. Er fuhr in die firmeneigene Tiefgarage und zu dem Platz mit der Nummer acht. Ein Schild mit seinem Namen reflektierte das Scheinwerferlicht: „Dr. Jannis Goldstein".

Er nahm den Lift und fuhr hinauf in den 23. Stock. Sein Büro lag an der Ecke des Hauses, so dass es Fenster in zwei verschiedene Richtungen hatte. Im Süden konnte er den Verkehr auf der sechsspurigen Parkavenue beobachten, während seine Augen das satte Grün des Westparks auf der anderen Seite genossen. Er liebte diese Jahreszeit, Herbst. Wie schön war die Natur, wenn sie starb. Die farbige Vielfalt der Laubbäume strahlte eine majestätische Schönheit aus, bevor sie sich ihrem Schicksal stumm ergab. Besonders liebte er es, mit Elli und den Kindern durch das am Boden liegende Laub zu schlürfen und sich unter großem Geschrei und wildem Gelächter in die aufgeschichteten Laubhaufen fallen zu lassen.

Der Lift hielt auf der 23. Etage und spie die Menschen aus, die in alle Richtungen zielstrebig davonströmten.

Jannis ging in Gedanken versunken auf sein Büro zu. Er grüßte seine Sekretärin und wollte mit einer charmanten Bemerkung über ihr neues Kostüm an ihr vorbeigehen, als ihm auffiel, dass etwas nicht stimmte. Ihre Augen waren ohne erkennbaren Grund ein Stück zu weit aufgerissen. Auf ihrem Gesicht spiegelte sich eine Mischung aus Schreck und Mitleid. Mitleid? Mit wem wird...

Eine schwere Hand legte sich auf seine Schulter, gerade als er den Mund öffnete um zu fragen, was los sei. Er wirbelte herum und sah Markus, seinen leitenden Direktor an, der die Hand nicht von seiner Schulter nahm.

„Was ist...?"

„Wir haben einen Anruf erhalten, Jannis. Es hat eine Gasexplosion gegeben. Dein Haus..."

Jannis spürte, wie das Blut aus seinem Kopf wich und in die Beine sackte. Er versuchte klar zu denken, aber in seinem Kopf explodierte nur ein Gedanke: „Elli? Die Kinder?"

Markus sagte kein Wort. Er schaute ihn nur an, während seine Hand immer noch fest auf Jannis' Schulter ruhte. Seine Augen verhießen keine Hoffnung.

Jannis riss sich los, ohne ein Wort zu sagen. Die Angst schnürte ihm die Kehle zu und schlug ihm ihre Krallen ins Fleisch. Angst, die zu groß war, um einen Gedanken aufkommen zu lassen. Er raste durch den Großstadtverkehr nach Hause. Schon ein paar Häuserblocks vorher sah er die Flammen, roch diesen Unheil verkündenden Geruch. Polizei und Feuerwehr hatten die Bewohner der umliegenden Häuser evakuiert und die Straße abgeriegelt. An einer Straßensperre musste

Jannis halten. Er sprang aus dem Wagen, stolperte, fiel der Länge nach hin. Seine zitternden Knie hatten den plötzlich geforderten Dienst versagt. Er kämpfte sich hoch, achtete nicht auf seine zerrissene Hose und die blutigen Hände, auf die Polizisten, die ihn aufzuhalten versuchten, auf die gaffenden Schaulustigen. Er rannte auf sein Haus zu, auf das, was davon noch übrig war. Lähmendes Entsetzen breitete sich in ihm aus. Sein Gehirn, sein Herz, sein Fühlen, Denken, sein ganzes Bewusstsein wurde von einer unsäglichen Angst ergriffen. Er schoss an zwei Feuerwehrleuten vorbei und stürzte sich in die Flammen, er raste zu dem Platz, an dem bis vor kurzem die große Essküche gewesen war. Die Flammen leckten schon an seiner Kleidung. Er konnte nichts sehen, das Atmen war wegen der Hitze und dem Rauch fast unmöglich, der Lärm der prasselnden Flammen war ein ohrenbetäubendes Inferno. Endlich entrang sich seiner Kehle ein Schrei, aus der tiefsten Tiefe seiner von Angst und Schmerz gequälten Seele. „Neiiiiiiin!"

Ein herabstürzender Balken streifte seinen Kopf und alles wurde schwarz. Ihm war, als fiele er ganz leicht und ganz sanft in einen riesigen Laubhaufen. Kein Geräusch, kein Schmerz, nichts.

Jannis erwachte im Krankenhaus. Die Erinnerung war sofort da und traf ihn wie ein Keulenschlag. Er riss die Augen auf. Eine Schwester stand an seinem Bett, die sofort nach seinem Erwachen einen Arzt rief. Bis Jannis begriff, wo er sich befand, war auch der Arzt an sein Bett getreten und machte sich schnell ein Bild von seinem Zustand.

Jannis hatte nur eine Frage. Sie lastete auf seiner Seele und er hatte Angst vor der Antwort, konnte aber keinen Augenblick auf sie warten.

„Was ist mit meiner Frau und den Kindern?"

Er las die Antwort schon in den Augen des Arztes und der Krankenschwester noch bevor er das erste Wort hörte.

„Sie wissen es noch nicht? Sie müssen jetzt sehr stark sein. Ihre Frau und die Kinder sind bei der Explosion ums Leben gekommen. Sie waren sofort tot. Sie hatten leider nicht die geringste Chance. Wir werden Ihnen ein Beruhigungsmittel geben."

Jannis sank in sich zusammen. Es gab keine Gedanken, kein Aufbegehren, keine Erklärung. Sein ganzes Wesen war nur noch Schmerz.

Sofort nach der Einäscherung und Beerdigung der verkohlten Überreste der Menschen, die sein Leben bedeutet hatten, nahm er ein Flugzeug nach Mexiko. Irgendwohin. Strand, Hotelbungalow, weg von hier. Hier erinnerte ihn alles an Elli und die Kinder, an sein früheres Leben. Alles sprach zu ihm und zeigte ihm Bilder einer glücklichen Vergangenheit, wie es gewesen war und wie es nie mehr sein würde. Der Fußweg im Park, der Verkehr auf der Parkavenue, die Kaufläden, sein Büro, bekannte Gesichter, das ganze Stadtbild. Er musste hier weg.

Das nächste Reisebüro buchte für ihn den ersten angebotenen Flug. Markus erledigte alles für ihn. Seine Beurlaubung, Abwicklung der Versicherung, alles was getan werden musste, um eine Existenz aufzulösen, auf Eis zu legen. Jannis verschwand.

Er war schon einige Zeit hier, ein paar Wochen oder Monate. Er wusste es nicht genau. Er schlief lange, bis zum Nachmittag. Den Rest des Tages verbrachte er damit, vor sich hinzudösen und seinen Gedanken freien Lauf zu lassen. Ein nie abreißender leiser Fluss von alkoholischen Getränken sorgte dafür, dass er sich in einem ständigen emotionalen Nebel befand. Seinen Schmerz nahm er wie durch einen Dunstschleier wahr. Jeden Abend ging er in irgendeine Bar und beobachtete die Menschen. Dabei trank er. Es tat ihm gut, so unter fremden Menschen zu sein und doch nicht dazuzugehören. Nur Beobachten oder wieder in eigenen Gedanken versinken. Dabei wollte er gar nicht denken, nicht gezielt. An ein Morgen schon gar nicht. Und an gestern? Es tat weh, aber er lebte nur noch in der Vergangenheit. Alles andere schien ihm nicht mal mehr denkenswert.

Einmal hatte er versucht sich abzulenken. Zunächst hatte er gar nicht gemerkt, dass sie eine Professionelle war. Nur allzu gern wollte er sich von ihrer routinierten Zuwendung becircen lassen, von der aberwitzigen Hoffnung getragen, Trost zu finden oder Vergessen. Sie waren in sein Bungalow gegangen, hatten eiskalten Sekt getrunken. Dann hatte er sie in wilder Verzweiflung, mit der er sich selbst Leidenschaft vorgaukeln wollte, genommen. Sie hatte ihn angeheizt, um dann hinterher teilnahmslos zuzusehen, wie er zusammenbrach. Er ekelte sich vor sich selbst, und dieses Erlebnis durchbrach den nebligen Dunst, in dem er seit Wochen mit Hilfe von Alkohol seinen Schmerz zu verstecken suchte. Oder wollte er sich vor dem Schmerz verstecken? Die ganze Hoffnungslosigkeit seiner Situation trat ihm drastisch vor Augen, gemischt mit den Gefühlen von Ekel, Schuld und Scham.

Verzweifelt warf er ihr ein paar viel zu große Scheine hin, warf sich auf den Fußboden, denn das Bett, in dem die Scham auf ihn lauerte, wollte er jetzt nicht mehr berühren und weinte hemmungslos.

Das Erlebnis hatte dazu geführt, dass er noch mehr trank und weibliche Gesellschaft mied. Das war nicht weiter schwer, denn die Wochen, die seitdem vergangen waren, verbrachte er ohnehin allein. Nur abends beobachtete er die Menschen, während er an der Bar saß und nur noch vergessen wollte.

„Darf ich Ihnen Gesellschaft leisten?"

Die Stimme riss ihn aus seinen trübsinnigen Gedanken. Er versuchte, in die Gegenwart zurückzufinden. Gut aussehende Frau, aber er hatte keinen Sinn für ihre Attraktivität. Er wollte keine Frau mehr um sich haben, und doch tat es ihm gut, dass jemand ihn ansprach, ihn irgendwie berührte.

„Wollen Sie etwas trinken?"

Er zwang sich zu einem Lächeln. Wahrscheinlich bot sie sich ihm für Geld an, und er versuchte mit einem abschätzenden Blick ihren Preis zu taxieren.

„Die Art, wie Sie mich anschauen, sagt mir, dass Sie sich in Bezug auf meine Person irren", erklärte sie und setzte sich auf den Barhocker neben ihn. „Ich bin nicht das, was Sie glauben."

Sie musterte ihn ein paar Augenblicke, während Jannis neugierig wurde. Die erste interessierte Regung seit Wochen.

„Ich heiße Charlie." Sie bestellte sich auch einen Drink beim Barkeeper, der näher gekommen war und sie fragend anstarrte. „Ich bemerke Sie schon seit längerem", sagte Charlie, indem sie sich wieder Jannis zuwandte. „Sie kommen jeden Abend hierher, sehen teilnahmslos den Menschen zu, stieren oft vor sich hin und sprechen mit niemandem ein Wort. Sie sehen leer aus, wie jemand, der alles verloren hat."

Jannis erwiderte nichts und zeigte auch sonst keine sichtbare Reaktion. Charlie wartete einen Augenblick, ob er etwas antworten würde und fuhr dann fort: „Meinen Namen kennen Sie nun, und wer sind Sie?"

„Ja, wer bin ich?", antwortete Jannis halb zu Charlie, halb zu sich selbst. Ich kann Ihnen nur meinen Namen sagen. Wer ich bin, weiß ich nicht mehr. Mir ist nicht einmal klar, ob ich es je gewusst habe." Er stieß einen tiefen Seufzer aus und bemerkte nicht, dass er im Begriff war, zum ersten Mal seit langer Zeit wieder an einem richtigen Gespräch teilzunehmen.

„Ist es nicht so, dass die Identität nicht nur abhängig ist vom Namen, sondern auch von meiner ganzen Biographie, vom Partner, der Familie, dem Heim, dem Beruf, Freunden, Kreditkarten usw.? Wenn uns all das genommen wird, wissen wir dann noch, wer wir sind?"

„Ich weiß, was Sie meinen", erwiderte Charlie. „Unsere Identität ist von unserer Vergangenheit abhängig, von den vergänglichen Kulissen, die wir um uns errichtet haben. All das sind vertraute Requisiten, ohne die sind wir nur noch wir selbst. Eine Person, die wir nicht kennen und deren Begegnung wir nur selten wagen."

„Person", dachte Jannis. „Im Französischen heißt ‚personne' niemand." „Ich bin ein Niemand", hörte er sich zu Charlie sagen. „Und ich wage es nicht, mit diesem Niemand weiter zu machen."

Charlie nickte verständnisvoll. „Die meisten Menschen versuchen, jeden Augenblick mit Lärm und Aktivität oder irgendwelcher Ablenkung zu füllen, damit sie nicht mit dieser unbekannten Person allein in der Stille sein müssen."

„Das gelingt mir nicht mehr", stellte Jannis seufzend fest. Er nahm einen tiefen Schluck aus seinem Glas und schaute Charlie herausfordernd an. „Ich bin mir anscheinend selbst begegnet und ich fühle nur Leere und begreife nichts. Mein Leben ist ein Trümmerhaufen. Alles, was früher mein Leben ausgemacht hat, gibt es nicht mehr. Alles ist jetzt sinnlos geworden."

„Möchten Sie denn begreifen? Wollen Sie einen Sinn finden?" Charlie hatte diese Frage gestellt, ohne Jannis direkt anzuschauen. Auch Jannis blickte ins Leere.

„Finden möchte ich schon den Sinn von allem, wenn es einen gibt, aber ich weiß nicht, ob ich auch suchen will."

„Dieses Gefühl kenne ich." Charlie hatte sich ihm wieder zugewandt. „Und doch hat man nur zwei Möglichkeiten, wenn man an dem Punkt angelangt ist, an dem Sie jetzt stehen. Entweder man bedeckt seine Wunden so lange mit Ablenkungen, bis so viel Zeit vergangen ist, dass man wieder fähig ist, irgendwie weiter zu leben, oder man macht sich wirklich auf die Suche nach dem Sinn von allem, nach dem Sinn des Lebens."

Jannis hatte zum ersten Mal das Gefühl, verstanden zu werden. Hier war jemand, der nicht nur Mitleid hatte. Dieses oberflächliche, nicht wirkliche Mitleid, das in Floskeln seinen Ausdruck fand wie: ‚Oh, das tut mir leid‘. Hier war jemand, der anscheinend wirklich mitfühlen konnte, der verstand, der schon erlebt hatte.

„Ich weiß nicht, wie es kommt, dass ich mich so mit Ihnen unterhalte", sagte er schon viel zugänglicher zu Charlie. „Ich kenne Sie gar nicht, und nachdem ich wochenlang mit überhaupt niemandem mehr gesprochen habe, führe ich solch ein Gespräch mit Ihnen."

„Aber ich weiß", entgegnete Charlie und schob ihm einen verschlossenen Briefumschlag zu. „Wenn Sie so weit sind, dass Sie suchen wollen, öffnen Sie diesen Umschlag." Ohne ein weiteres Wort schob sie sich vom Barhocker, drehte sich noch einmal nach ihm um und strebte dann dem Ausgang zu. Jannis sah ihr verblüfft nach, starrte auf den Umschlag, der vor ihm auf der Bar lag, schüttelte ungläubig den Kopf und wandte sich dann wieder seinem Drink zu. „Wie gewonnen, so zerronnen", murmelte er leise vor sich hin und rief den Barkeeper, um sich einen weiteren Drink zu bestellen.

Er wachte auf, weil etwas immer wieder unbarmherzig auf den Tisch neben seinem Ohr schlug. Langsam drang die Begegnung des letzten Abends wieder in sein Bewusstsein. Wie hieß sie doch gleich? Charlie. Eine merkwürdige Frau. Und doch zugleich das einzige menschliche Wesen, dem er sich in den letzten Wochen ein wenig geöffnet hatte. Es war das erste Mal, dass er fähig war, sich wenigstens ansatzweise seiner Situation zu stellen. Doch wie sollte es weitergehen? Konnte es überhaupt weitergehen?

Der Briefumschlag fiel ihm ein. Jannis tastete nach seiner Hose, die er achtlos vor das Bett geworfen hatte, als er in der Nacht alkoholisiert zurückgekehrt war. Der Umschlag steckte noch in der Gesäßtasche. Erwartungsvoll öffnete er ihn und entfaltete ein zerknittertes Blatt. Auf der Rückseite stand in schwungvoller Handschrift geschrieben:

„Wenn Sie sich auf die Suche machen wollen, beginnen Sie am besten dort, wo Sie sich gerade befinden."

Er wendete das Blatt. Auf der Vorderseite sah er eine von Hand gezeichnete, grobe Skizze der Umgebung. Eine Straße führte ins mexikanische Hinterland, wurde dort von einem Weg abgelöst, der sich zwischen felsigen Hügeln und Kakteenfeldern schlängelte, um schließlich irgendwo in unbewohntem Gelände zu enden. Von hier zeigten Pfeile die Richtung an, die zu einem Ziel führte, das mit einem roten Kreuz markiert war. Was es darstellen sollte, war nicht zu erkennen.

„Warum nicht", dachte Jannis, „ich habe nichts, überhaupt nichts zu verlieren. Es ist besser als das Herumvegetieren der letzten Monate."

Er spürte, wie so etwas wie banges Hoffen, ein ganz kleiner, kaum wahrnehmbarer Streifen am Horizont aufzog. Rasch zog er sich an, nachdem er sich gewaschen hatte, nahm ein flüchtiges Frühstück und ging in den Ort, um irgendwo einen Geländewagen zu mieten oder zu kaufen und sich alles Notwendige für einen mehrtägigen Aufenthalt in der unbewohnten Wildnis zu besorgen. Die Versicherungssumme für sein Haus, die Markus auf sein Konto überweisen lassen hatte, war groß genug, um jede Reise zu unternehmen.

Er war erst ein kurzes Stück aus dem Ort heraus gefahren, als er am Straßenrand einen Anhalter bemerkte. Beim Näherkommen sah er, dass es sich um eine Frau handelte. Ihre allem Anschein nach sportliche Figur hatte sie unter einer bequemen Treckinghose und einem weiten Khakihemd verborgen. Den Kopf bedeckte ein praktischer Hut, der vor der sengenden Sonne schützte, die um diese Zeit schon unbarmherzig brannte. Jannis hielt an und traute seinen Augen nicht. Es war Charlie, die sich mit einem eleganten Schwung neben ihn in den Jeep setzte.

„Ich hab' mir gedacht, dass Sie nicht widerstehen können und hier auf Sie gewartet. Nehmen Sie mich ein Stück mit?"

„Sie sind ja schon eingestiegen", brummte Jannis etwas verlegen. Aber im Stillen freute er sich, Charlie wiederzusehen. Sie fuhren eine Weile schweigend auf der staubigen Landstraße. Jannis bemerkte, wie Charlie ihn ab und zu verstohlen von der Seite musterte.

„Man sieht mir wohl an, wie es um mich steht?", sagte er etwas verdrießlich.

Charlie schaute ihn aufmunternd an. „Erzählen Sie's. Es wird Ihnen gut tun. Es muss erzählt werden."

Jannis zögerte. Er wusste nicht, ob er sich ihr so weit öffnen wollte und wenn, wo und wie er beginnen sollte. Stockend fing er an zu berichten. Nach und nach löste sich etwas in ihm. Es war, als ob ein Ventil sich öffnete, das bisher all seine Gefühle hinter seiner Mauer des Schweigens zurückgehalten hatte. Er ließ alles los, erzählte alles, was auf seiner Seele lastete – sein glückliches Leben, der schreckliche Tag, der das Ende seiner Familie und seines bisherigen Lebens bedeutete, all seine Qual und seine Angst. Seine ganze Hoffnungslosigkeit breitete er vor ihr aus, bis er endlich eine erste Erleichterung spürte; ein bisschen von dem großen Druck, den er schon meinte, nicht mehr ertragen zu können, war von ihm genommen, allein dadurch, dass er nur darüber geredet hatte. Und er war dankbar, dass sie geduldig zuhörte.

Bei den ersten Worten hatte er den Wagen angehalten. Als er geendet hatte, wartete er etwas verlegen ein paar Minuten, bis er wieder ruhiger war und betätigte dann den Anlasser. Sie fuhren schweigend weiter, bis sie die Straße verlassen mussten, um den Richtungspfeilen auf der Karte zu folgen. Sie fuhren noch ein Stück auf einer kaum erkennbaren Piste, dann hielten sie an und schlugen ein Lager auf. Die Landschaft hatte sich verändert. Eine äußerst karge Vegetation umgab sie. Vereinzelte Kakteen standen herum, ansonsten breitete sich eine schier endlose Steppe um sie aus, unterbrochen nur von felsigem Geröll und steinigen Hügeln, von denen die größten fast zweihundert Meter hinaufragten.

Sie setzten sich auf den Boden und aßen von dem Proviant, den Jannis mitgenommen hatte. Er kaute ohne Appetit auf einem Stück Rauchfleisch herum und auch Charlie schien keinen besonderen Hunger zu haben. Er betrachtete sie nun genauer. Sie war zweifellos eine attraktive Frau, aber entweder war es ihr nicht bewusst, oder sie legte keinen Wert darauf. Ihr fehlte jegliches Kokettieren und ihre Wirkung auf Männer schien ihr gleichgültig zu sein. Ihre Augen und ihr Lachen zeugten von einer großen Portion Lebenslust, aber unverkennbar hatte das Leben seine Zeichen in ihre anmutigen Züge gemalt.

„Wenn ich Sie so ansehe, glaube ich, dass ich mit meinem Schicksal nicht alleine dastehe", unterbrach er das Schweigen.

Charlie zögerte einen Moment, ehe sie antwortete. „Sie sind nicht der einzige, der leidet. Alle Menschen leiden."

„Alle?", fragte Jannis zweifelnd.

„Kein Mensch wird vom Leid verschont, kleinerem oder größerem, körperlichem und seelischem. Es gehört zwangsläufig zu unserem Dasein."

„Nur denkt man nicht an die anderen, wenn es einem selber dreckig geht", unterbrach sie Jannis.

Charlie schaute nachdenklich vor sich hin und murmelte halb zu sich selbst und halb zu Jannis gewandt: „Trotzdem ist es das Leid, das ein geheimes Band um die ganze Menschheit schlingt, und es ist unser ständiger Begleiter. Manchmal vergessen wir seine Existenz, oft für viele Jahre. Und dann tritt es plötzlich aus seiner Verborgenheit und reißt uns aus unserem Alltag, überschattet unser Leben. Immer aber ist es da! Es gibt keine Zeit und keinen Ort, der ihm nicht zugänglich ist. Wir tragen es in uns, wie wir auch den Tod in uns tragen, und es ist bloß eine Frage der Zeit, wann und wo und mit welcher Intensität es uns begegnen wird."

„Aber es scheint alles so sinnlos!" Resigniert seufzend drehte sich Jannis zur Seite und ließ sich auf seinen Ellbogen sinken.

„Wenn das alles sinnlos wäre, hätte es auch keinen Sinn, dass es dich gibt, oder mich, alle Menschen oder das gesamte Universum. Es gilt, den Sinn zu finden."

Charlie war zur vertrauteren Form der Anrede übergegangen und Jannis nahm es als selbstverständlich. „Was könnte ein derartiges Leid für einen Sinn haben? Es zeigt mir höchstens, dass ich ein kleiner, elender Wurm bin, der nicht mehr weiß, was ihn eigentlich am Leben hält."

„Mit dieser Erkenntnis fängt jeder an", erwiderte Charlie ungerührt. „Das Leid ist die Stimme, die uns die vorläufigen Grenzen unseres Menschseins zuraunt, damit wir uns unserer Aufgabe erinnern, die in der Suche nach dem Sinn besteht, nach Erkenntnis - und im Ringen um wahres Menschtum."

„Das verstehe ich nicht", warf Jannis ein.

„Ich will versuchen, es dir zu erklären. Ist es nicht so, dass das Leid unseren Blick nach innen wendet? Du hast ja erlebt, wie das Außen sofort jeden Reiz verliert. Alle Lust fällt von uns ab. Das Innen aber ist meist unbekannt."

„Nur die Stille innen und die plötzliche Leere sind unheimlich." Jannis blickte versonnen vor sich hin. „Und die Einsamkeit ist würgend. Nicht die äußere, die habe ich ja gewollt. Die innere Einsamkeit. Das Schlimmste an meinem Verlust ist diese Einsamkeit."

„Leid ist immer Verlust", fuhr Charlie fort.

„Das Gegenteil von Lust", dachte Jannis, sagte aber nichts, um Charlie nicht wieder zu unterbrechen.

„Entweder bekommen wir etwas nicht, was wir gerne hätten, oder wir verlieren etwas, was wir haben: unseren Besitz, unsere Gesundheit, unsere Freiheit, unsere Position, unsere Nächsten, letztlich unser Leben."

Jannis brütete dumpf vor sich hin. Sie hatte ja Recht. Das Leid offenbart uns unsere Gebrechlichkeit, unsere Hilflosigkeit und unsere Ohnmacht. Ich muss mich betrinken, um schlafen zu können, als solle ich wach gehalten werden. Und ich wehre mich innerlich gegen das Leid, ich akzeptiere es nicht, und das macht alles nur noch schlimmer. Und in demselben Maße, wie alles schlimmer wird, wächst auch meine Angst.

Jannis sah Charlie an, und ihre Blicke trafen sich. In seinen Augen spiegelte sich sein ganzes Elend wider.

„Es ist die Angst, die entstehen muss, bevor etwas Neues aus ihr hervorgehen kann." Charlie nahm seinen Faden auf, als könne sie Gedanken lesen. Verblüfft starrte er sie an. „Es ist die Angst vor dem Abschied", fuhr sie fort, „vor dem Abschied in all seinen Formen. Schau deine Angst an! Sie bezieht sich ja immer auf die Zukunft. Du hast keine Angst mehr davor, dass deine Frau und deine Kinder sterben könnten, sondern du hast Angst vor dem Leid, was du fürchtest erdulden zu müssen und dass du es nicht schaffen könntest. Im Grunde hast du Angst vor dem Leben."

„Es erscheint mir nicht mehr lebenswert", warf Jannis ein. „Ich fühle mich rausgerissen und völlig orientierungslos." Er verbarg sein Gesicht in den Händen und verharrte einige Minuten reglos. Angst vor dem Leben! Sie sagte das so einfach. Früher hatte er dieses Gefühl nicht gekannt. Und jetzt? Er fühlte sich wie in einer Sackgasse. Er sah wirklich nicht mehr, was das Leben jetzt noch lebenswert machen könnte. Das machte ihn ja so mutlos. Weit und breit war kein Grund in Sicht, weshalb er sich noch einmal aufraffen sollte. Er hatte kein Ziel mehr. Er wusste nicht mehr, was er vom Leben noch erwarten sollte. Er wusste nicht mehr, warum er eigentlich noch lebte. Leben wollte er das gar nicht mehr nennen, eher ein Dahin-Vegetieren. Und doch hielt ihn irgendeine Kraft am Leben. Warum nur? Vielleicht gab es ja doch einen Weg aus diesem Loch, in das ihn das Leben hatte fallen lassen.

Charlie hatte ihn seinen Gedanken überlassen, ohne ihn zu stören. Plötzlich wandte er sich wieder an sie. „Was ist deine Geschichte? Hast du das Leid überwunden, und wie hast du es geschafft?"

Charlie atmete ein paarmal tief durch. „Meine Geschichte ist nicht aufregend, sie ist schnell erzählt. Ich bin als behütete Tochter wohlhabender Eltern in einer bedeutungslosen Kleinstadt an der Westküste aufge-wachsen. Die Bedeutungslosigkeit war, glaube ich, das, worunter wir alle am meisten litten. Wenn man sonst keine Probleme hat... Meine Eltern gaben mir schon früh das Gefühl, etwas Besonderes zu sein, und ich genoss es. Ich gewann die Schönheitswettbewerbe an der Highschool und am College, und es gab nur die Möglichkeit für mich, ein berühmtes Model oder eine Schauspielerin zu werden. Ich wollte alles: Ruhm, Geld, Macht – und jede Menge Spaß. Ich ging dahin, wo alle Mädchen mit diesen Wünschen hingehen: nach Hollywood. Bald bekam ich kleine Werbeverträge und schaffte es ein paarmal auf die Titelseiten der Modeblätter. Ich hatte das Spiel sehr schnell begriffen und wusste, welche Mittel eine attraktive Frau für ihre Zwecke einsetzen konnte, und ich tat es ohne Bedenken. Trotzdem verliebte ich mich nach kurzer Zeit bis über beide Ohren in einen gut aussehenden jungen Mann. Sean war Autor, Lyriker. Ein wunderbarer, einfühlsamer, romantischer Mensch. Ich meinte auf einer Welle des Glücks und Erfolgs zu schwimmen. Ich maß auch dem Umstand keine Bedeutung bei, dass er völlig andere Ziele hatte, als ich sie verfolgte. Er hatte in meinen Augen nur einen Makel: er war erfolglos.

Zunächst störte mich das nicht, es konnte sich ja noch ändern. Wir heirateten Hals über Kopf und ich verfolgte einfach meine Karriere weiter. Ich hatte Lust auf das Leben, ich wollte es genießen. Andere Männer gefielen mir, erfolgreiche Männer mit Macht, Einfluss und Luxus. Ich merkte nicht, wie Sean sich innerlich mehr und mehr zurückzog. Das wilde gesellschaftliche Leben, das ich so genoss, hatte er von Anfang an nicht teilen wollen. Eines Tages fiel mir auf, dass meine Periode längst überfällig war. Beunruhigt machte ich einen Test, und siehe da: ich war schwanger. Aber ich war nicht gerade glücklich darüber, ein Kind durchkreuzte meine Karrierepläne und würde mein ausschweifendes Leben nachhaltig stören. Schon spielte ich mit dem Gedanken an Abtreibung. Ich musste es nur Sean schonend beibringen. Er dachte vermutlich über diese Dinge anders, romantischer, meinte ich. Aber ich war mir nicht sicher, ich hatte mir noch nicht die Mühe gemacht, ihn so genau kennen zu lernen. Mir reichte die Oberflächlichkeit. Ich wollte Spaß, sonst nichts. Kurz überlegte ich, ob ich es heimlich wegmachen lassen sollte. Quatsch! Der Vater sollte ruhig seinen Beistand leisten. Schließlich hatte er bei dem Schlamassel ja auch mitgewirkt.

Es war einer der seltenen Tage, an denen ich selbst zu kochen versuchte. Sean mochte das. Ich hatte teuren Wein gekauft und den Tisch mit Kerzen gedeckt, um seiner romantischen Ader entgegen zu kommen. Während des Essens war ich besonders aufmerksam zu ihm und leitete das Gespräch behutsam, aber zielstrebig zum angestrebten

Thema, bis ich meinte, den richtigen Moment erwischt zu haben, um ihm von meiner Schwangerschaft zu erzählen. Sean schaute mich nur wortlos mit großen Augen an, und ich suchte sofort, ohne meinen Redefluss zu unterbrechen, nach Argumenten, die ihm eine Abtreibung plausibel machen würden. Er hörte mir die ganze Zeit zu, ohne mich ein einziges Mal zu unterbrechen, und erst als ich eine Pause in meinem Redeschwall machte und er das Wort ergriff, bemerkte ich, dass seine Augen dunkel vor Trauer geworden waren. „Ich habe dir nie gesagt, dass ich steril bin", sagte er mit rauher, belegter Stimme. Dann stand er einfach auf und ging. Einfach so. Ohne einen Blick, ohne ein weiteres Wort.

Ich habe ihn nie wieder gesehen. Seine Sachen ließ er von Freunden holen und die Scheidung regelte ein Anwalt. Er hatte nichts und wollte nichts - und ich hatte ihn verloren. Meine erste Rechnung hatte ich bezahlt. Ich hatte nicht gedacht, dass es so weh tun würde. Ich fiel in ein tiefes, schwarzes Loch und machte das, was wohl die meisten Menschen tun, denen plötzliches Leid widerfährt: ich lenkte mich ab. Noch mehr Partys, noch mehr Bekanntschaften, noch mehr Termine.

Aber wie lange würde das gut gehen? Es war eine Frage der Zeit, bis die Schwangerschaft meinen Körper unansehnlich machen würde, ihn entstellen würde. So dachte ich damals. Und ich fühlte mich außerstande, ein Kind zu bekommen. Mit Hilfe von Freundinnen fand ich schnell einen Arzt, der das Problem unbürokratisch, schnell und gefühllos beseitigte.

Was dann kam, hatte ich noch viel weniger erwartet. Hatte mich schon die Tatsache, dass ich den ersten Mann verloren hatte, der mich um meiner selbst willen liebte und nicht, weil er in mir ein attraktives Starlet sah, in ein tiefes Loch gestürzt, so traf mich dieses Erlebnis wie ein Keulenschlag. Schon die entwürdigende Gefühlskälte während des Eingriffs und die Demütigung, die ich empfand, waren schlimm genug. Doch nun wurde mir plötzlich intuitiv, ohne dass mein Verstand daran beteiligt war, klar, dass ich ein eigenständiges Leben in mir getragen hatte. Mein Fleisch und Blut. Mein Kind – von dem ich nicht einmal wusste, wer sein Vater war. Ich war im Begriff gewesen, Mutter zu werden und hatte mein Kind getötet.

Zu allem Elend und aller Verlassenheit, die mich überfielen, kamen jetzt auch noch Schuldgefühle. Das war mehr als ich ertragen konnte. Mein Körper, oder mein Geist, rettete sich in einen Nervenzusammenbruch. Ich verbrachte lange Zeit in einer Klinik und lernte dort einen Mann kennen, einen Geistlichen, der sich viel um mich kümmerte und mir half. Er öffnete mir die Augen und zeigte mir, dass das Leben tiefere Dimensionen hat, als nur Äußerlichkeiten. Und zu diesen Äußerlichkeiten gehörten auch die Werte, die ich damals angestrebt hatte: Ruhm, Macht und Geld.

Mir wurde klar, dass ich eigentlich nie wirklich glücklich war, dass ich überhaupt nicht wusste, was das bedeutete. Die ständige Jagd nach Dingen, die mir immer nur eine kurze Befriedigung verschafften, schien mir mit einem Mal so sinnlos. Es musste höhere Ziele geben, unverrückbare. Und in der Zeit, die ich in dieser Klinik verbrachte, bekam ich eine Ahnung davon.

Als ich nach vielen Monaten die Klinik verließ, war ich ein anderer Mensch. Ich stand am Beginn eines anderen Weges, und dieser Weg führte mich über viele Stationen, in denen ich wertvolle Erfahrungen machte und durch die Hilfe reifer Menschen lernte, mein Leid zu überwinden. Irgendwann führte mich mein Weg hierher. Zunächst verbrachte ich einige Zeit in einem Kloster ganz in der Nähe. Da ich viel Zeit zum Nachdenken hatte, unternahm ich oft Streifzüge durch die Gegend. Auf einem dieser Streifzüge begegnete ich einem bemerkenswerten alten Indio, der ganz allein in der Wüste lebt. Die Gespräche mit ihm waren sehr bereichernd für mich und ich besuche ihn so oft es geht. Er hat mich darauf gebracht, den in mir erwachten Wunsch, anderen Menschen zu helfen, gleich hier in die Tat umzusetzen. Ich arbeite jetzt als freiwillige Helferin an einem Programm mit, das jungen Mädchen hier Zukunftsperspektiven eröffnen und sie von der Prostitution fernhalten will. Deswegen bin ich oft in den Bars und rede mit den Mädchen."

Jannis hatte gebannt zugehört. Er schwieg eine Weile und meinte schließlich: „Ich bin wirklich nicht allein mit meinem Leid. Du hast auch Schlimmes erlebt."

„Es ist nicht wichtig, was man erlebt hat", erwiderte Charlie. „Die Betroffenheit im eigenen Erleben macht die Stärke des Leidens aus. Die nicht bestandene Prüfung kann bei einem Menschen ebenso viel an Leid auslösen, wie die Krankheit bei einem anderen. Und der Verlust des Vermögens oder eines Menschen kann bei zwei Menschen sehr unterschiedliches Leid bewirken. Das Leid ist also immer in dir, im eigenen Geist, niemals im äußeren Geschehen."

„Dann war umgekehrt all die Ruhe und Zufriedenheit, die Vergnügtheit, die ich hatte, gar nicht wirklich in mir, sondern nur das Konstrukt der äußeren Umstände, in denen ich gelebt habe. All die Souveränität, Gelassenheit und Selbstkontrolle habe ich nur so empfunden, weil die äußeren Umstände es mir ermöglicht oder vorgegaukelt haben. Jetzt ist von Souveränität oder gar Gelassenheit keine Spur mehr, und in mir ist nur noch Leid. Wirkliche Gelassenheit würde das Leid wohl akzeptieren."

Charlie wusste nicht, ob das eine Frage war oder eine Feststellung. Sie nickte ihm ernsthaft zu, denn er hatte verstanden. „Wirkliche Gelassenheit ist überwundenes Leid. Ein gelassener Mensch versteht andere Menschen eher und ist niemals hochmütig."

„Hältst du die Menschen für hochmütig?", fragte Jannis.

„Ich war es auf jeden Fall. Wir alle haben immer wieder den Wunsch, etwas Besonderes zu sein. Aber kaum stellt z.B. ein Arzt die Diagnose, welch eine besondere, ja einzigartige Krankheit wir haben, so wünschen wir nichts sehnlicher, als ganz bescheiden zu sein, so zu sein wie alle anderen, keine Ausnahme, etwas ganz Gewöhnliches, keine Berühmtheit. So bemerken wir oft erst im Leid und in der Angst unsere Überheblichkeit, in der wir leben."

„Wenn du damit meinst, dass mein Stolz zum Teufel ist und die lebensklugen Antworten, die ich auf alles parat hatte, dann hast du Recht. Im Moment ist in mir nur eine Frage: Warum gerade ich?"

„Wie gesagt, du bist nicht der einzige, der leidet. Aber die Frage ist trotzdem berechtigt. Da das Leid letztlich in der Psyche empfunden wird, trifft es immer nur das Ich, man könnte auch sagen, jene äußere Biographie, die du „Ich" nennst. Und es wird ein Stück dieses Ichs von uns genommen, es verschwindet ein Stück Egoismus. Es ist merkwürdig, wie ein Mensch, der wirklich gelitten hat, zu spüren beginnt, dass das Leben nur dort Sinn und Würde hatte, wo er gab und wo er liebte. So ist es mir passiert. Aber dazu muss man das Leid erst überwinden."

„Wo man gab und wo man liebte", wiederholte Jannis gedankenvoll. „Die meiste Zeit habe ich wohl anders gelebt. Ich war zu beschäftigt mit dem Sammeln von Dingen, die ich haben musste. Ich wollte nicht verzichten, warum auch? Niemand will verzichten, nicht auf Besitz und Wohlstand, nicht auf das Ansehen, nicht auf die Karriere, auf gar nichts."

„Aber das Leid ist ein Loslassen-müssen, ein Abschiednehmen", entgegnete Charlie. Sie beugte sich vor und ihre Stimme wurde leiser und zugleich eindringlicher. „Und genau da, wo man am Gewohnten festklammert, ist die Geburtsstätte der Angst. Das Leid stürzt unseren Hochmut und will uns aus der Verhaftung an Dinge befreien, die wir unbedingt haben müssen."

„Ja, ich will nichts mehr, weil mir alles egal ist", warf Jannis ein. „Nichts ist mehr von Bedeutung."

„Weil du nur die Sinnlosigkeit des Verlustes siehst und noch nicht die Kraft tief in dir, die im Dunkeln ihre Fesseln zu lösen beginnt, dort, wo dein wahres Wesen ist. Wenn du diese dir unbekannte Kraft nicht hättest, wärst du jetzt nicht hier, sondern betrunken in der Hotelbar. Im Leid, in der Stille, liegt die Möglichkeit einer Verbindung mit dem Unnennbaren, mit dem Numinosen in uns. Und hier können wir erkennen, in wessen Dienst das Leiden steht."

„Du sprichst in Rätseln", erwiderte Jannis. „Wozu soll das Leid dienen?"

„Das Leid unterscheidet alles Unwesentliche vom Wesentlichen. Es zeigt uns die Illusionen, denen wir verfallen sind. Letztlich wird hier alles von uns genommen, was nicht wesentlich ist. Verbrannt wird die Eitelkeit, geläutert und verwandelt die Wut, der Geiz, die Eifersucht, der Neid, die Gier, die Habsucht. Alles Ichhafte fällt weg – und damit auch die Angst. Aber bis dahin ist es ein weiter Weg."

Jannis blickte nachdenklich ins Leere. „Wenn alles Ichhafte wegfällt, dann gebe ich entweder meine ganze Persönlichkeit auf, oder es muss in mir etwas Wesentlicheres geben, das sich vom Ich unterscheidet und das dann sichtbar wird." Er sah eine Weile schweigend vor sich hin. „Warum nimmst du dir so viel Zeit, mir das alles zu erzählen?"

„Wer selber leidet, wird empfänglich für das Leid der anderen. Es wächst ein Verständnis für den anderen und wahre Sympathie. Die eigentliche Bedeutung dieses Wortes ist ,Mitleiden'. Und so werden wir Helfer für andere. Ganz von selbst werden wir aufhören, anderen Leid zuzufügen. Wieviel Leid wird es wohl brauchen, bis wir alle zu erkennen suchen?"

Sie hatte keine Antwort auf diese Frage erwartet und er bemühte sich auch nicht, eine zu finden. Dennoch machte sie ihn nachdenklich. So hatte er das noch nie gesehen. Wie oberflächlich und blind hatte er doch gelebt. Musste man wirklich erst so etwas durchmachen, um für derlei Gedanken empfänglich zu werden? Er war dankbar für dieses Gespräch und es war ihm klar, dass nur ein Mensch, der selber gelitten hat, ihn verstehen und ihm eine Hilfe sein konnte. Erst Charlies Erfahrungen hatten sie für ihn wertvoll gemacht. Er lächelte sie an und sie verstand ihn.

Inzwischen war es dunkel geworden. Sie verschlossen den Jeep, rollten ihre Matten aus und krochen in ihre Schlafsäcke. Lange schaute Jannis in den klaren Sternenhimmel. Zum ersten Mal seit dem Unglück interessierte er sich für die Geschichte eines anderen Menschen. Irgendwann schlief er ein. Zum ersten Mal seit langer Zeit ohne Alkohol.

* * *

In der Wüste

Der Tiefpunkt

Das erste, was er spürte, als er erwachte, war, dass er allein war. Er öffnete die Augen und setzte sich auf. Die Stelle, wo Charlie sich am Abend niedergelegt hatte, war leer. Jannis stand auf und ging zum Jeep. Er nahm ein wenig Wasser aus einem Kanister, wusch sich und putzte die Zähne. Dabei überlegte er, was mit Charlie passiert sein könnte. Jedesmal, wenn sein Interesse geweckt war, wurde er von dieser geheimnisvollen Frau verlassen.

„Bin gespannt, wann ich ihr wieder begegne – und ob". Er würde sie gern näher kennenlernen und erfahren, was für ein Mensch sie war. Er wusste ja, dass auch sie gelitten hatte, aber sie hatte das Leid irgendwie überwunden und war ein anderer Mensch geworden. Jedenfalls war ihm durch die Begegnung mit Charlie klar geworden, dass man nach solch einem Schicksalsschlag nicht mehr dasselbe Leben führen konnte wie vorher, es nicht einmal versuchen durfte. Wenn man ein Leid überwinden wollte, musste man sich verändern, entwickeln. „Die einzigen Menschen", dachte er, „bei denen das automatisch passiert, sind Kinder." Nach jeder überstandenen Kinderkrankheit kann man einen kleinen Entwicklungssprung beobachten. Bei Marie war es ganz deutlich gewesen. Die Windpocken hatten sie lange gequält, aber als sie die Krankheit besiegt hatte, begann sie sofort mit ihren ersten Gehversuchen.

Sein Herz krampfte sich zusammen bei dem Gedanken an seine Kinder. Er gab sich einen Ruck. Nun, bei ihm würde es wohl etwas mühseliger werden.

Während er so in Gedanken versunken war, hatte er eine der mitgebrachten Konservendosen geöffnet und lustlos ein kaffeeloses Frühstück zu sich genommen. Anschließend nahm er einen kräftigen Schluck aus seiner Wasserflasche. Er rollte seine Matte und seinen Schlafsack zusammen und legte all seine Sachen hinten in den Jeep. Jetzt fiel sein Blick auf etwas Weißes, das hinter die Scheibenwischer geklemmt war. „Schon wieder ein Brief", knurrte er verwundert zu sich selbst. Trotzdem nahm er ohne zu Zögern den Umschlag, riss ihn auf und entfaltete ein Blatt Papier, das unzweifelhaft Charlies Handschrift aufwies.

„Tut mir leid, dass ich dich schon wieder verlassen musste, aber es ist wichtig, dass du den Weg allein gehst. Folge den Pfeilen auf der Karte in Richtung Osten und lass den Jeep einfach stehen. Man wird sich darum kümmern. Viel Glück, es wird sich lohnen. Charlie."

Jannis sah sich suchend um. Keine Spur von Charlie. Sie war verschwunden. „Wüsste zu gern, wohin sie gegangen ist". Er ärgerte sich, dass er sie am Abend zuvor nicht gefragt hatte, was ihn eigentlich erwartete, wenn er ihren Pfeilen gefolgt war. Nun ja, er würde schon sehen. Er nahm eine mit Wasser gefüllte Feldflasche und ein bisschen Proviant und machte sich auf den Weg.

„Ein Kompass wäre nicht schlecht!", dachte er und schaute hinauf zur Sonne, um sich nach Osten zu orientieren. „So schwierig wird es wohl nicht werden."

Als die Sonne ihren höchsten Punkt erreicht hatte, suchte er eine schattige Stelle hinter einem großen Felsen und legte eine Rast ein. „Keine Ahnung, wie weit ich schon gegangen bin", dachte er. „Die Gegend sieht überall gleich aus, kaum Orientierungspunkte."

Der Schweiß rann in Bächen über sein Gesicht und er fühlte sich schon ausgelaugt und erschöpft. Kurz überlegte er, ob er wieder umkehren sollte. Was sollte der Quatsch, in dieser gottverlassenen Gegend rumzulaufen, ohne eigentlich zu wissen wohin und warum? Er könnte genauso gut zu seinem Jeep zurückgehen, in den Ort zurückfahren und es sich gut gehen lassen. Gut? Jannis musste unwillkürlich lächeln. Ein schlechter Witz. Also, gehen wir weiter, ein Zurück gibt es nicht mehr. Er rappelte sich auf und setzte seinen Weg fort, während die unbarmherzige Sonne ihre sengende Glut über ihn ergoss. Sein Hemd war schweißgetränkt und seine Beine wurden langsam bleischwer. Er hatte noch kein Tier zu Gesicht bekommen, weder auf der Erde noch in der Luft. Die ganze Gegend war von einer beklemmenden Stille erfüllt.

„Genauso, wie es außen ist, sieht es auch in mir drinnen aus", dachte Jannis und war fast froh. Zum ersten Mal hatte er das Gefühl, dass die äußeren Umstände zu seinem inneren Zustand passten.

Stunde um Stunde lief er weiter. Der leichtsinnig knapp bemessene Proviant und das Wasser waren längst verbraucht. Eigentlich hätte er schon längst am Ziel sein müssen. „Vielleicht habe ich mich verlaufen!" Eine seltsame Mischung aus Furcht und Gleichgültigkeit bemächtigte sich seiner. Nur noch mechanisch hob er die Füße und ging weiter, Schritt für Schritt.

Die Dunkelheit brach plötzlich herein. Er hatte keine Dämmerung bemerkt. Wie war das möglich? Er fand noch eine einigermaßen geschützte Stelle unter einem Felsvorsprung und ließ sich kraftlos fallen. Eine mondlose, undurchdringliche Nacht umgab ihn. Er begann zu zittern, teils vor Erschöpfung, teils weil ihn erbärmlich fror. Er hatte nichts, womit er sich zudecken konnte und seine Kleider waren immer noch schweißnass. Jannis verschränkte die Arme vor der Brust und krümmte sich zusammen. Die instinktive Schutzhaltung, die schon seit Urzeiten der schmerzerfüllten, gepeinigten Kreatur zu eigen war. Völlig entkräftet, mutlos, frierend, von Durst und Hunger gequält und ohne einen Funken Hoffnung für sein weiteres Leben begann er haltlos zu weinen. All die Tränen, die er bisher mit viel Alkohol zurückgedrängt hatte. Er weinte so lange, bis die Augen schmerzten, weil sie keine Flüssigkeit mehr für die Tränen hergaben. Sein ganzer Körper wurde aber noch weiter von starkem Schluchzen geschüttelt. Irgendwann hatte auch das aufgehört und Jannis lag still und starrte ins Dunkle. Nur schwarzes, undurchdringliches Dunkel war noch um ihn, schwarzer Felsen, schwarze Erde, schwarzer Himmel, Schwarz ohne Ende.

Jannis wünschte sich zu sterben. Früher hatte er die Gedanken an den Tod immer weit von sich geschoben, auf eine unbestimmte Zukunft. Später, vielleicht. Er hatte mitten im Leben gestanden und er wollte es genießen. Davon war nun nichts mehr da. Er dachte an sein kleines, umgrenztes, künstlich versichertes Leben. - Es gab keine Versicherungen. Sie waren Illusionen. Gegen das wirkliche Leben mit seinen Höhen und Tiefen, mit all seinen Unwägbarkeiten, konnte man sich nicht versichern. Sollte man das überhaupt?

Er starrte in das Dunkel um ihn herum. Das war von der Welt für ihn übriggeblieben. Das war seine ganze Welt, das war der Tod. Er konnte sich da leicht hinein fallen lassen. Es wäre eine Erlösung. Aber wäre es das wirklich? Selbstaufgabe hatte er, wie Selbstmord, sein ganzes Leben lang belächelt. Und auch jetzt, aus der Sicht des Schwachen, Entmutigten, schien es ihm wie eine Kinderei. Aber der Gedanke ans Sterben war verlockend. Es war alles auf einmal wunderbar leicht, es gab dann keinen Schmerz mehr, keine Verzweiflung. Er musste sich einfach nur fallen lassen. Plötzlich wurde ihm mit nie gekannter Klarheit bewusst, dass er keine Angst mehr hatte, keine Angst vor dem Tod. Er war bereit.

Und dann, in diesem fast schwerelosen Gefühl, diesem angstfreien Raum, den er in sich entdeckt hatte und in dem er zum ersten Mal ein Einverstandensein empfand, ging ihm auf, dass er überhaupt keine Angst mehr hatte, auch nicht vor dem Weiterleben. Dies war die Erkenntnis, die sein ganzes Wesen durchströmte. Er musste nur bereit sein, sich fallen zu lassen, sich hineinzugeben, sich dem Tod oder dem Leben anheimzustellen, auf jegliche Versicherungen und andere Krücken zu verzichten, auf den Boden, auf dem er sein Leben lang stand und von dem er gedacht hatte, er sei fest. Dann konnte er genauso gut leben, dann war es nicht mehr nötig zu sterben. – Ein Leben ohne Angst. Was für ein wunderbarer Gedanke! Was konnte ihm denn noch passieren? Was hatte er noch zu verlieren? Wovor sollte er noch Angst haben? Er hatte nichts mehr außer seinem Leben, und auch das war er bereit hinzugeben.

Für einen kurzen Moment, einen winzigen Augenblick, kaum wahrnehmbar in der Zeit, sah er sein Leben vor sich ablaufen. Es war, als schaute er von einer Höhe herab und sah sein ganzes bisher gelebtes Leben, jeden Augenblick, in seinem Ablauf vor sich liegen. Er sah, welcher Ordnung es gehorchte, dass es in Ordnung war. Und er sah seine Ängste, alles wovor er immer Angst gehabt hatte: vor dem Alleinsein, vor Schmerzen, vor Vorgesetzten, vor den Ansprüchen anderer und den eigenen, Angst, es nicht zu schaffen, Angst vor Verlust, Angst vor Krankheit und dem Alter - und die Angst vor dem Tod.

Er wusste in diesem Augenblick mit allen seinen Sinnen, er wusste es bestimmter und klarer, als er je irgend etwas gewusst hatte, er war für einen kurzen Moment zu dem geworden, was er wusste: In Wirklichkeit gab es nur eine Angst – die Angst, sich selbst hinzugeben, sich fallen zu lassen, sich dem Leben, dem Schicksal anzuvertrauen. Hatte man es einmal wirklich gewagt, dann gab es keine Angst mehr. Dann konnte man alles annehmen. Dann konnte man wahrhaftig leben, dann war man offen und konnte gehen, dann war man so leer, dass man auch finden konnte, wenn sich einmal der Sinn des Lebens offenbaren würde.

Er wusste, dass er diese Erkenntnisse vielleicht wieder verlieren würde, aber er würde sie von nun an immer wieder finden. In dem Gefühl ungeheurer Leichtigkeit, erfüllt von zerbrechlicher Freude, fiel er in einen tiefen Schlaf.

* * *

Der Alte vom Berg

Der Beginn des Weges

Er lief leicht und schwerelos einen kleinen Hügel hinunter. Vor ihm schlängelte sich ein Pfad durch ein enges Tal und führte genau zu einem breiten Spalt zwischen zwei riesigen Felsen, der den Zugang zu einem dahinter gelegenen größeren Tal bildete.

Jannis traute seinen Augen nicht. In dem Spalt tauchte plötzlich eine Gestalt auf, unverkennbar eine Frau. Zuerst dachte er, Charlie wäre wieder mal überraschend auf der Bildfläche erschienen, doch der Anblick des blonden Haares, das ein zartes, fein geschnittenes Gesicht umrahmte und die hohen Wangenknochen, die sich ganz leicht und doch markant abzeichneten, als die Frau ihn warmherzig anlächelte, ließen ihn zusammenzucken.

„Elli?", stieß er mühsam hervor. Unendlich liebevoll sah sie ihn an und nickte. „Ja", sagte sie, und Jannis spürte, wie ihm das Blut so rasch zum Herzen drängte, dass er meinte, die Brust müsse ihm zerspringen. „Träume ich?", fragte er ungläubig. „Ja", erwiderte Elli, „du träumst, und du musst jetzt aufwachen. Wach auf, Jannis, wach auf!"

Er schlug die Augen auf. Es war hell, und die Sonne blendete ihn, hatte aber noch nicht die volle Stärke ihrer glühenden Kraft erreicht. Es musste noch früher Morgen sein. Jannis kniff die Lider zusammen. Er bemerkte, dass seine Lippen feucht waren und nahm neben sich eine gefüllte Wasserflasche wahr. Es war nicht seine. Ruckartig setzte er sich auf und sah sich um.

Auf einem flachen Stein, zwei bis drei Meter von ihm entfernt, saß ein alter Mann. Er hatte schlohweißes, schulterlanges Haar, das von einem Stirnband umrahmt wurde. Seine Haut war gebräunt und wettergegerbt. Seine hohen, markanten Wangenknochen verliehen ihm ein waches, intelligentes Aussehen. Die größte Aufmerksamkeit nötigten Jannis jedoch die Augen ab. Diese Augen, diese tiefen braunen Augen, die ihn sofort an Marie erinnerten. Sie schauten ihn gütig an und schienen ihn gleichzeitig zu durchleuchten. Dieses Gefühl kam ihm bekannt vor.

Die Haltung des Mannes war kraftvoll und seine ganze Person strahlte in ihrer einfachen Erscheinung eine große Würde aus. „Ich habe auf dich gewartet. Du hast lange gebraucht", begrüßte er Jannis lächelnd.

„Wer sind Sie?", fragte Jannis und bemerkte, dass seine Stimme nur noch ein schwaches Krächzen war.

„Die Leute nennen mich ‚der Alte vom Berg'." Er hatte eine tiefe, sonore, wohltönende Stimme, die nicht zu dem hohen Alter passen wollte, auf das Jannis ihn geschätzt hatte.

„Wie haben Sie mich gefunden?" Jannis war immer noch verwirrt.

„Es ist immer so, dass man gefunden wird von den Dingen, die man wirklich sucht, weil man sie anzieht. Aber jetzt bringe ich dich erstmal zu einem Ort, wo du dich erholen kannst. Reden können wir später. Versuch aufzustehen." Nur mühsam kam Jannis auf die Beine. Seine Glieder schmerzten und sein Gesicht brannte. Er musste sich an dem Felsen abstützen, unter dem er geschlafen hatte. Erst jetzt bemerkte er einen Maulesel, der geduldig ein paar Schritte abseits gewartet hatte. Der Alte stützte ihn und half ihm auf das Tier, das neugierig seine neue Last beäugte. Der Alte ergriff die Zügel und ging, den Maulesel hinter sich herziehend, los, während Jannis, nachdem er sich an das Schaukeln auf dem Rücken des Tieres gewöhnt hatte, in einen dämmrigen Halbschlaf fiel.

Er wusste nicht, wie lange sie so unterwegs waren, als sie anhielten und der Alte ihm herunter half. Sie befanden sich auf einer nicht allzu großen Hochebene. Eine Art Pueblo in Miniaturausgabe erstreckte sich vor ihnen, mit in die Felswand, die direkt vor ihnen lag, geschlagenen Wohnhöhlen. Oder waren sie von der Natur so geschaffen worden? Jannis konnte es nicht sagen. Alle Wohneinheiten waren, ebenso wie die verschiedenen Ebenen, mit Strickleitern verbunden. Unten auf der Ebene standen einige verfallene Hütten in loser Anordnung beieinander. Der Platz, auf dem sie sich befanden, schien früher mal eine Art Versammlungsplatz gewesen zu sein. Doch nun war der ganze Komplex verwaist und verlassen, niemand war zu sehen, und es war offensichtlich, dass hier schon seit längerer Zeit kein Mensch mehr gewohnt hatte.

Der Alte hatte Jannis' fragende Blicke bemerkt. „Ich lebe allein hier", meinte er, „es ist niemand mehr hier. Die letzten jungen Leute meines Stammes sind schon vor langer Zeit fortgezogen, und die alten sind nach und nach gestorben. Ich war ihr Schamane, und ich bin der einzige, der übrig geblieben ist."

Er brachte Jannis in eine stabile, aus groben Stämmen gefertigte Hütte, die den Vorraum zu der untersten Wohnhöhle bildete.

„Wo kommen bloß die Baumstämme her?", wunderte sich Jannis. Nirgends konnte er Bäume von solchem Ausmaß entdecken, die derartige Stämme abgegeben hätten.

Nachdem sie sich gewaschen und eine Mahlzeit zu sich genommen hatten, fühlte Jannis sich schon sehr viel besser. Draußen war es bereits wieder dunkel geworden. Der Alte entfachte ein kleines Feuer auf einer dafür vorgesehenen und mit flachen Steinen umgebenen Stelle in der Mitte des Vorraumes. Irgendwo zauberte er eine lange, kunstvoll geschnitzte Pfeife und einen ledernen Tabaksbeutel her und begann, die Pfeife zu stopfen. Er entzündete sie und tat ein paar tiefe Züge. Darauf reichte er Jannis die Pfeife und bedeutete ihm, es ihm gleich zu tun. Das Inhalieren des Tabaks erzeugte bei Jannis ganz leichten Schwindel und ein Gefühl der Leichtigkeit. Er begann sich wohl zu fühlen, und die Anspannung löste sich ein wenig. Der Alte musterte ihn wieder eindringlich, und wieder hatte Jannis das Gefühl, er könne bis auf den tiefsten Grund seiner Seele schauen. Seine Augen jedoch waren strahlend und gütig.

„Warum bist du gekommen?"

Die Frage erlöste Jannis von dem Gefühl, einer Prüfung ausgesetzt zu sein. „Ich bin einer Skizze gefolgt, die mir eine Frau gegeben hat, die ich erst vor zwei Tagen kennengelernt habe."

Der Alte war mit der Antwort nicht zufrieden. „Das ist wohl kaum der Grund für dein Kommen." „Ich weiß es selbst nicht", meinte Jannis überrascht, „ich habe keine Ahnung."

„Dann denk nach", forderte ihn der Alte auf.

Jannis sah eine Weile nachdenklich auf den Boden zu seinen Füßen. Dann hob er den Blick und schaute den Alten direkt an. „Weil ich leide", war die klare Antwort, „und weil ich das Leid überwinden will."

„Ich sehe, du hast schon etwas gelernt", erwiderte der Alte. Scheinbar amüsiert zwinkerte er ihm zu. „Und hast du dein Leid angenommen?"

„Sich aufzulehnen oder ein ungerechtes Schicksal zu verfluchen, hat ja doch keinen Sinn."

„Es wäre die denkbar schlechteste Antwort auf das Leiden und würde es nur verstärken. Wer Erlösung vom Leiden sucht, ist aufgefordert, das Leiden anzunehmen und den Sinn auf das Göttliche zu richten. Noch niemand hat sich auf die Suche nach Erkenntnis gemacht, nach dem Sinn des Lebens, der nicht gelitten hätte, verzweifelt war."

„Du sagst, man soll den Sinn auf das Göttliche richten, wenn man Erlösung sucht. Ich frage mich, wie kann Gott überhaupt zulassen, dass so etwas geschieht, dass eine liebe Frau und drei unschuldige Kinder in einer Explosion sterben müssen?"

Der Alte tat einen tiefen Zug aus seiner Pfeife. Er lehnte sich zurück, nickte ein paar Mal nachdenklich und begann dann bedächtig zu reden. „Es gibt in dieser Welt Dinge, die die Menschen als gut, und solche, die wir als schlecht bezeichnen. Wenn ein Naturereignis, wie zum Beispiel eine Überschwemmung, eine Lawine, ein Erdbeben, ein Vulkanausbruch oder etwas Ähnliches, ein Gebiet in der Wildnis trifft, wo keine Menschen leben, schenkt man dem Ereignis meist wenig Beachtung. Niemand würde auf die Idee kommen, die Naturkräfte, die dabei im Spiel waren, böse zu nennen. Wenn sich aber dasselbe

Geschehen in einem sogenannten zivilisierten Gebiet ereignet, in dem viele Menschen wohnen, und es werden dabei Häuser zerstört und Straßen, Krankenhäuser oder Eisenbahnen und es kommen vielleicht Menschen dabei um, dann spricht man von einer Katastrophe. Und zu Recht. Aber auch in diesem Fall waren genau dieselben Naturkräfte die Ursache, die nicht als böse bezeichnet werden können. Nun empfinden diejenigen, die von solchem Leid betroffen sind, ihr Schicksal als ungerecht und hart. Um ihr Leid besser ertragen zu können, wollen sie irgend jemandem die Schuld geben. Sie lehnen sich gegen ihr Schicksal auf und stellen die altbekannte Frage, warum Gott so etwas zulässt. Ich kann dir keine theologische Antwort geben, aber es scheint nur zwei Möglichkeiten zu geben. Entweder möchte Gott dieses Übel verhindern, aber er kann es nicht – dann muss man an der göttlichen Allmacht zweifeln – oder er könnte es verhindern, aber er will es nicht – dann muss man an seiner Barmherzigkeit und an seiner Liebe zweifeln. Die bequeme Antwort eurer Kirche vom unerforschlichen Ratschluss Gottes befriedigt keinen Suchenden. Deshalb möchte ich dir antworten: Gott ist Vollkommenheit, also hat die Schöpfung als sein Ebenbild auch Züge der Vollkommenheit. Die Unvollkommenheit und Mangelhaftigkeit der Welt hängt damit zusammen, dass sie noch nicht vollendet ist. Erst wenn die Schöpfung an ihrem Endpunkt angelangt ist, wenn die Entwicklung, die ihr Evolution nennt, abgeschlossen ist und die Schöpfung erlöst ist, nur noch reiner Geist ist, denn die Evolution hat ja die Befreiung des Geistes aus der Materie zum Ziel, ist sie zu Gott zurückgekehrt und ist als vollkommen erkennbar.

Es gibt allerdings in der tiefen Meditation die Möglichkeit, die Vergangenheit, die Gegenwart und die Zukunft gleichzeitig zu sehen und zu erkennen, dass alles schon da ist, und alles ist gut und vollkommen, gehorcht einer ewigen Ordnung. Jeder Säugling trägt schon den Tod in sich, jedes Kind den Greis, in jedem Verbrecher wartet schon der Heilige und in jedem Unglück das Heil. Wir sehen die Vollkommenheit nicht, weil wir an ein zeitliches Nacheinander gebunden sind. Alles aber bedarf nur meines Einverstandenseins, dann ist es für mich immer richtig, was geschieht, kann nie zu meinem Schaden sein, auch wenn es für den Augenblick so scheinen mag.

Deine Frage ist eher: Wieso passiert es gerade mir? Wieso passiert gerade den betroffenen Menschen dieses Leid? Um Antwort auf diese Frage zu finden, musst du nach dem Osten gehen und darüber lernen, dass sich der Mensch sein Schicksal selber schafft. Der östliche Mensch nennt es das karmische Gesetz, aufgrund dessen gerade diese und nicht andere Menschen von dem Geschehen betroffen wurden. Auch die christliche Lehre weiß davon: ‚Was der Mensch sät, das wird er ernten.‘ Aber in eurer Gesellschaft sind diese Lehren verloren gegangen.“

„Wenn das so ist“, warf Jannis ein, der bisher atemlos zugehört hatte, „dann kann es ja keine Zufälle geben. Nichts geschieht dann zufällig, sondern aufgrund einer Gesetzmäßigkeit, die du Karma nennst.“

„Von dem Gedanken an die Existenz des Zufalls kannst du dich getrost verabschieden. Alles geschieht nach einer Ordnung. Hast du dir mal überlegt, wie viele tausend Zufälle nötig gewesen wären seit deiner und meiner Geburt, damit wir hier, in diesem entlegenen Winkel der Erde zusammentreffen?

Wenn die vielen Millionen Entscheidungen der Natur, die nötig waren, um die Evolution auf die Stufe des heutigen Menschen zu bringen, Zufälle waren, dann hätte die ganze Schöpfung und auch die Existenz des Menschen keinen Sinn, sondern wäre eben bloßer Zufall, und wir bräuchten uns um die Frage nach dem Sinn des Lebens keine Gedanken zu machen. Zufall und Sinn schließen sich gegenseitig aus. Wenn irgend etwas zufällig passiert, dann ist es ohne Sinn geschehen. Hat aber mein Leben einen Sinn, dann kann meine Existenz kein Zufall sein. Die Menschen scheuen sich nur davor, konsequent zu denken und sich einzugestehen: Es gibt überhaupt keinen Zufall. Mit jedem angenommenen Zufall würde das Leben ein Stück sinnloser. Aber glaube mir, alles hat einen Sinn. Ihn zu finden sind wir aufgefordert, und das ist es letztlich, was uns vom Tier unterscheidet."

Wieder nahm der Alte einen tiefen Zug aus seiner Pfeife. „Ich habe viel geredet, jetzt bist du dran. Erzähl mir von deinem Leben."

Und wieder erzählte Jannis, zuerst zögernd und nach Worten suchend. Früher hatte er keine Notwendigkeit gesehen, über sein Leben zu reflektieren oder über das Leben an sich. Er hatte gelebt, das war's. Aber das reichte nun nicht mehr. Er war an einen Punkt gelangt, wo das Leben, wie er es bisher geführt hatte, zu Ende war. Ohne Reflexion, ohne die Suche nach dem Anderen gab es kein Leben mehr. Es gab kein Zurück. Und während er selber über sein bisheriges Leben nachdachte und das zögernde Rinnsal seiner Worte zu einem mächtigen Strom anschwoll, erzählte er alles dem Alten. Von seiner Kindheit und Jugend, Erlebnisse, die er längst vergessen und in seinem Innern vergraben hatte. Er erzählte von seiner Frau und seinen Kindern, von all der Freude und dem Glück, das sie für ihn bedeutet hatten und das er erst jetzt so richtig zu schätzen wusste, wo er es verloren hatte. Er erzählte von dem Schmerz und der Qual, die ihr Verlust mit sich brachten und von der Zeit nach dem Unglück, dem sinnlosen Sich-treiben-lassen. Er berichtete von der Begegnung mit Charlie, von seinem Weg hierher und dem Wunsch, selbst sterben zu wollen.

Jannis redete ohne Pause. Er spürte, wie der Alte jedes Wort aufnahm, ohne einen Kommentar. Er bemerkte, dass er weder lobte noch tadelte, nicht kritisierte, sondern einfach nur offen war, ohne Ungeduld, wie er keines seiner Worte überhörte oder achtlos an sich vorüberließ. Er lauschte einfach, ohne ein Drängen, ohne ein Urteil oder eine Meinung. Welch ein Glück, einen solchen Zuhörer zu haben, in den er all das, was er mit sich trug, sein ganzes Leben, versenken konnte.

Als er geendet hatte, schaute er den Alten fast flehend an. „Ich weiß, dass ich leben will. Ich will nicht sterben. Aber ich kann nicht mehr leben, ohne den Sinn in allem zu finden. Kannst du ihn mir sagen?"

Der Alte nickte wieder ein paar Mal bedächtig, schüttelte dann aber den Kopf. „Ich kann dir helfen, die Suche zu beginnen. Finden musst du selbst. Es nützt nichts, sich den Sinn von jemand anderem erzählen zu lassen. Zu den Einsichten muss man selber gelangen. Aber wie gesagt, man wird immer von den Dingen gefunden, die man wirklich sucht. Für die meisten Menschen ist das Leben eine zufällige Abfolge von Begebenheiten. Sie treffen Entscheidungen und stellen damit die Weichen für ihr weiteres Schicksal, ohne es zu wissen. Das Leben ist für sie ohne tieferen Sinn, ein zufälliges Gemisch aus Freude und Leid, das sie nicht verstehen und das sie im Leid immer als ungerecht empfinden. Sie betrachten ihr Leben, wie jemand, der ein Buch anschaut, ohne zu lesen – und begreifen nichts. Die Seiten werden von jemand anderem umgeblättert, und sie wissen auch nicht, wann es aus ist und ob es von neuem aufgeschlagen wird. Du musst die lebendige, geheimnisvolle Sprache, in der das Buch deines Lebens geschrieben ist, verstehen lernen. Dann bekommt das Spiel der Mächte einen Sinn und du wirst eines Tages mitlesen – und verstehen."

„Aber wie fange ich an? Womit beginne ich?"

„Den Anfang zu finden ist nicht schwer. Es ist eine Einbildung, ihn suchen zu müssen. Das Leben schenkt uns in jedem Augenblick einen Anfang. Immer und überall konfrontiert es dich mit Situationen, die dir das notwendige Material für einen Anfang und für deine Entwicklung geben, wenn man nur einmal ernsthaft will. Für die meisten Menschen ist es zu mühselig und sie haben einfach keine Lust, nach dem Sinn von allem zu fragen. Aber es ist die einzige Möglichkeit, um überhaupt erstmal bewusster leben zu können."

„Für mich ist einzig und allein das Leid der Anlass, wirklich zu wollen."

„Für die meisten Menschen ist das der einzige Anlass. Wer einen Weg geht, der macht Erfahrungen, der macht etwas durch, der erleidet etwas. Ohne das gibt es keinen Weg, und des Menschen Leben ist nun mal ein Weg. Aber es ist wichtig, den Weg aktiv zu gehen und sich nicht einfach treiben zu lassen, sonst bleiben die Erfahrungen ohne Sinn und führen nicht zu Erkenntnissen. Erfahrungen machen kann jede Kreatur, aber nur der Mensch kann Erkenntnisse gewinnen."

Der Alte bemerkte, dass Jannis immer noch sehr erschöpft war und meinte: „Aber davon reden wir morgen weiter, wenn du dich erholt hast. Es ist Zeit zu schlafen."

„Eine Frage noch", bat Jannis. „Mir ist durch Charlie klar geworden, dass alle Menschen leiden und ich ahne, dass alles irgendwie mit allem zusammenhängen muss."

Wieder lächelte der Alte gütig. „Stell dir einen Laubbaum vor, eine große Eiche. Und nun such dir vor deinem inneren Auge ein einzelnes Blatt aus. Kannst du es sehen? Es ist Herbst, und es beginnt sich zu verfärben und zu vertrocknen. Wenn es ein kleines, beengtes Bewusstsein hätte, wie wir, dann hätte es jetzt Angst. Sein ganzes Lebensgefühl wäre erfüllt von dem nahenden Tod. Es wüsste, dass es bald ein Opfer des Windes sein wird und der Vernichtung preisgegeben. Nun stell dir aber vor, das Blatt könnte sich dessen bewusst sein, dass in ihm nicht nur das Blatt lebt, sondern auch der Baum. Dann wäre das alljährliche Werden und Wiedervergehen eine Weise des Baumlebens. Das Blatt hätte dann das Bewusstsein des größeren Lebens, das in ihm ist und das nicht nur sein kleineres Leben, sondern auch seinen Tod übergreift. Das ganze Leben des Blattes hätte nun einen anderen Sinn und alle Angst wäre weg."

Nach diesen Worten erhob sich der Alte. Er bereitete Jannis ein Lager in der Nähe des Feuers, und schon Augenblicke später zeigte dessen gleichmäßiges, tiefes Atmen, dass er eingeschlafen war.

Erfrischt und erholt wachte er am nächsten Morgen auf. Der Alte begrüßte ihn mit dem ihm nun schon fast vertrauten, gütigen Lächeln. Nachdem sie zum Frühstück nur einen merkwürdig bitter schmeckenden Tee zu sich genommen hatten, zeigte ihm der Alte zu Jannis' Überraschung eine Quelle, die zwischen den Felsen hervorsprudelte und wo er sich waschen konnte. Das kalte Wasser war überaus erfrischend, und Jannis zog sich völlig aus und wusch sich mit dem Gefühl, nicht nur Schmutz und Schweiß von seinem Körper zu waschen.

Später wurde er von dem Alten losgeschickt, um die Gegend zu erkunden und mit dem Auftrag, auf alles zu achten, was ihm etwas erzählen könnte, was ihm etwas zu sagen hätte. Die kleineren Dinge sollte er mitbringen. Jannis zog, mit einer Wasserflasche bewehrt, los. Der Alte hatte ihn gebeten, keinen Proviant mitzunehmen und nichts zu essen, bis er abends zurückkehren würde.

Den ganzen Tag lang war er unterwegs, wobei er in einem weiten Kreis den Pueblo umging, immer darauf achtend, dass er sich nicht zu weit entfernte, um nicht wieder die Orientierung zu verlieren. Er betrachtete Gesteinsformationen und die karge Vegetation, die ihn überraschte, denn gestern hatte er noch geglaubt, es gäbe hier gar keine. Er beobachtete sehr hoch fliegende Vögel und hin und wieder ein paar Echsen, die auftauchten, wenn er still in sich versunken eine Rast einlegte.

Er ließ sich das Gespräch vom Abend vorher nochmal durch den Kopf gehen. Was der Alte gesagt hatte, war schwer verdaulich, auch wenn es ihm zunächst ganz klar und verständlich erschien.

Wenn es keinen Zufall gab, musste jedes noch so kleine Ereignis eine Bedeutung, einen Sinn haben. Nur was zufällig passierte, konnte sinnlos sein. Dann musste oder konnte man ja ständig der Frage nachgehen, warum mir jetzt gerade dies passiert oder ich jenen Menschen treffe, oder warum ich das jetzt nicht bekomme oder das andere verliere. So zu leben musste anstrengend sein, den meisten Menschen zu anstrengend. Aber es erfüllte das Leben zweifellos mit Bewusstheit. Allerdings war es schon schwer genug, immer zu akzeptieren, was geschieht. Das setzte voraus, dass man überzeugt war davon, dass alles in Ordnung war, in einer Ordnung war und einen Sinn hatte. Oh Gott, wenn er doch nur sehen könnte! Er war noch nicht einverstanden. Er verfluchte sein Schicksal und wünschte sich Elli und die Kinder zurück. Wie sehr er sie vermisste. Der Gedanke an sie trieb ihm erneut Tränen in die Augen und er brauchte eine Weile, bis er weiter gehen konnte.

Erst am Abend kehrte er zum Alten zurück. Der hatte am Rand des freien Platzes ein großes Feuer entfacht. Er winkte Jannis, zu ihm zu kommen. Jannis ließ sich nieder, und gemeinsam nahmen sie einige, Jannis völlig unbekannte Wurzeln zu sich, auf denen sie lange herumkauten. Der Geschmack war für Jannis undefinierbar, aber bald breitete sich eine wohlige Leichtigkeit in seinem ganzen Körper aus.

„Das Feuer hat eine symbolische Bedeutung", begann der Alte, „es hat eine reinigende und erneuernde Kraft, indem das Alte zerstört wird, wenn es an der Zeit ist und damit dem Neuen Platz macht. Wir werden ein kleines Ritual durchführen, in dem du dein altes Leben symbolisch hinter dir lässt. Du wirst sehen, wieviel Kraft dir ein solches Ritual geben kann. Zieh deine Kleider aus und wirf sie ins Feuer!"

Jannis schaute ihn verblüfft an. Aber das Gesicht des Alten verriet durchaus, dass es ihm ernst war. Jannis gehorchte. Er zog sich aus und warf ein Kleidungsstück nach dem anderen ins Feuer, während der Alte unablässig sang oder in kehligen Lauten vor sich hin murmelte, was der Zeremonie für Jannis' Gefühl einen etwas gespenstischen Ausdruck verlieh. Trotzdem war er gefangen von der Atmosphäre und er spürte die magische Kraft, die die ganze Szenerie zu umgeben schien und die ihn immer mehr in ihren Bann schlug.

Die Kleider hatten zu dem gehört, was er als Maske trug und was neben seiner Bildung, seinem Ansehen, den vielen Rollen, die er gespielt hatte, seinem ganzen Lebensstil, seine Persönlichkeit ausmachte. Flüchtig erinnerte er sich, dass das lateinische Wort für Maske ‚persona' hieß und auch die ‚Rolle' im Theater meinte. Welches Theater war wohl gemeint? Da war es wieder, dieses Wort, das ihn schon bei der Begegnung mit Charlie irritiert hatte. Person – persona – Maske – personne – niemand. Verwirrend.

Jannis verabschiedete sich symbolisch bei jedem Kleidungsstück, das ins Feuer fiel, von seinen bisherigen Masken, während der Alte immer weiter sang und sprach. Nachdem er nackt war, musste auch Jannis selber durch das Feuer springen, damit dessen reinigende Kraft auch ihn berührte. Danach ging er zur Quelle und musste sich von Kopf bis Fuß waschen. Wieder hatte Jannis, diesmal verstärkt durch die magischen Formeln, die der Alte weiter unablässig murmelte, das Gefühl, dass der Schmutz nicht nur von seinem Körper gewaschen wurde, sondern dass gleichzeitig eine innere Reinigung stattfand.

Anschließend führte der Alte ihn zu einer kleinen Kammer in der Felswand. Er hatte einige mittelgroße Steine, die vorher im Feuer erhitzt worden waren, hineingelegt. Die Kammer war gerade so groß, dass ein Mann darin sitzend Platz hatte, ohne mit den Steinen in Berührung zu kommen. Jannis setzte sich hinein und der Alte verschloss den Eingang mit einem großen Stein, den er davor rollte. Die Ritzen wurden nur notdürftig verstopft, so dass ein minimaler Luftaustausch möglich war.

Jannis wusste nicht, wie lange er hier saß und schwitzte. Er versuchte sich vorzustellen, dass er alle alten körperlichen und seelischen Schlacken, den ganzen Ballast ausschwitzte. Draußen hörte er den Alten immer noch in der merkwürdig kehligen Sprache singen. Das Fasten des Tages, die Anstrengung der Wanderung, die wohlige Leichtigkeit, die die Wurzel verursachte, und die zunehmende Wirkung des Schwitzbades ließen Jannis in eine Art Dämmerzustand hinübergleiten. Er konnte selber nicht sagen, wie es kam, er spürte nur plötzlich den unbändigen Drang zu beten. Und so betete er zu dem Gott seiner Jugend, an den er so viele Jahre keinen Gedanken mehr ‚verschwendet‘ hatte. Ihm war auch nicht klar, warum er jetzt betete, wo doch der Glaube eher eine untergeordnete Rolle in seinem Leben gespielt hatte. Es war ein Bitten und ein Danken zugleich, die Bitte um Hilfe und ein Dank dafür, dass sich hier für ihn eine Tür öffnete, die einen kleinen Hoffnungsschimmer in sein Dunkel einließ. Es war die Ahnung, dass da noch etwas mehr sein musste, als das, was man mit den Sinnen wahrnehmen konnte. Es war das Bedürfnis und auch die Gewissheit, sich einer Instanz anvertrauen zu können, die über dem Leben steht.

Nach einer geraumen Zeit wurde der Stein von dem Eingang weggerollt und der Alte geleitete ihn nochmals zu der Quelle. Jannis setzte sich in das kleine Becken, das sich unterhalb des Felsens, aus dem die Quelle entsprang, gebildet hatte und wusch sich noch einmal mit dem kalten, klaren Wasser. Der Alte sprach nun mit klarer Stimme: „So wie das Wasser den Schmutz von meinem Körper wäscht, möge das Wasser des Lebens die Schlacken von meiner Seele waschen."

Jannis konnte nicht anders und wiederholte mehrmals den Spruch, während er sich von oben bis unten reinigte. Nachdem er sich getrocknet hatte, gab der Alte ihm neue Kleider.

„Mögen die neuen Kleider dir auf deinem neuen Weg dienlich sein."

Jannis streifte die neue Hose und das Hemd über, selbst Schuhe bekam er. Alles war einfach, aber zweckdienlich, doch Jannis achtete nicht darauf. Er war zu gefangen von dem Gefühl, dass hier ein neuer Abschnitt für ihn begann. Die beiden gingen zum Feuer zurück und ließen sich davor nieder. Der Alte forderte Jannis auf, das Mitgebrachte, was er den ganzen Tag über gesammelt hatte, vor sich auf dem Boden anzuordnen und ihm zu erzählen, was es ihm sagte.

Jannis packte die Dinge aus, die er auf seinem Erkundungsgang gesammelt hatte. Jedes einzelne Teil hatte ihm heute eine kleine Geschichte erzählt. Während er zu jedem Teil ein paar Sätze sagte, legte er sie vor sich auf den Boden und ordnete sie in einem Kreis an. Da waren abgebrochene Äste, Steine, die Jahrtausende alte Abdrücke von Fossilien aufwiesen, ein winziger Kaktus,

Wurzeln in den verschiedensten Formen und Vogelfedern. Am meisten hatte er sich über eine Reihe von ihm unbekannten Sträuchern gewundert, die wunderschön geformte Blätter in leuchtenden Herbstfarben aufwiesen, was er in dieser Landschaft nie vermutet hätte.

„Du hast ein Mandala gemacht", sagte der Alte. „Mandala heißt ‚Kreis' und symbolisiert ‚das Ganze'. Und alles, was dazugehört, jedes Teil, hängt mit dem Ganzen und mit jedem anderen Teil zusammen. Was beeindruckt dich am meisten?"

Jannis überlegte kurz. „Es sind die Farben des Herbstes", sagte er. „Es ist verblüffend, dass die Natur am schönsten ist, wenn sie stirbt. Sie ruft mir zu, dass der Tod nicht das Schreckliche ist, für das ich ihn immer gehalten habe."

Der Alte nickte lächelnd. „Die Natur entfaltet im Sterben, wenn sie ihre Früchte verschenkt hat, ihre ganze Schönheit in dem Wissen, dass es einen Frühling gibt, immer wieder."

„Auch für mich", sagte Jannis halb zu sich selbst, halb zu dem Alten, „ist es Zeit, mich von meinem bisherigen Leben zu verabschieden, es sterben zu lassen."

„Es ist Zeit, dich zu verabschieden und dich auf den Weg zu machen", stimmte ihm der Alte zu. „Ich will dir etwas über die Bedeutung des Weges sagen." Er machte eine kleine Pause, um seine Gedanken zu sammeln und fuhr dann fort: „Das ganze Leben ist eine Wanderschaft, eine Pilgerreise, und sie ist das zentrale Thema unseres Daseins. Jeder Mensch wird sich zumindest irgendwann fragen: ‚Woher komme ich und wohin gehe ich?'

Diese Wanderschaft ist ein Instrument, sie ist das symbolische Instrument der geistig-seelischen Entwicklung."

„Was ist das Ziel dieser Wanderschaft?", warf Jannis ein, der jetzt hellwach war und dem kein Wort, nicht einmal eine Nuance in der Betonung entging.

„Das Ziel?", wiederholte der Alte. „Das spanische ‚cielo' und das französische ‚ciel' erinnern noch daran. Beides heißt übersetzt: Himmel! Das ist das letzte Ziel, das, wohin alle Schöpfung zurückkehrt, zu ihrem Ursprung. Und hier ist auch die eigentliche Bedeutung des Wortes ‚Religion': ‚religio' heißt ‚Rückverbindung', gemeint ist die Rückbindung an unseren Ursprung."

„Darüber weiß ich sehr wenig", seufzte Jannis.

„Das Ziel", fuhr der Alte fort, „ist dasjenige, das dem Weg seine Richtung gibt und seine Daseinsberechtigung. Ohne Ziel gibt es keinen wirklichen Weg. Die entscheidende Eigenschaft des Zieles ist es, dass es unveränderlich ist. Gerade dadurch ermöglicht es dem Gehenden stete Orientierung auf seiner Wanderschaft. Das Ziel bleibt unverrückbar, aber der eigene Standort wird verlassen, und der Weg, als fortwährende Verbindung zwischen beiden, muss gegangen werden."

Jannis unterbrach ihn erneut. „Ich weiß, dass ich zuerst loslassen muss, Elli und die Kinder, mein ganzes altes Leben, bevor ich mich auf einen neuen Weg machen kann. Das hat mir das Ritual auch sehr deutlich gezeigt."

„Aber Vorsicht! Es passiert oft, dass ein großer Irrtum mit dem anscheinend in Mode gekommenen Begriff ‚loslassen' begangen wird", korrigierte ihn der Alte. „Man lässt nicht einfach so die Menschen los, die man liebte und auch nicht die Art zu leben, die man gewohnt war. Erst wenn man sich auf einen Weg gemacht hat, mit Richtung auf das Ziel, cielo, lässt man wirklich etwas los, nämlich seinen Standort, den man gerade noch innehatte. Und damit lässt man ein Stück Gewohnheit los, ein Stück Ungeduld, ein Stück Habsucht, ein Stück Stolz, ein Stück Kälte und so weiter. Somit ist das einzige, was sich wirklich wandelt, der Wanderer selbst – und zwar so lange und so weit, bis er bereit ist und würdig, das Ziel seiner Wanderschaft zu erreichen. Das Ziel wird dann Gnade sein, ohne die es der Mensch nicht schaffen kann."

„Ich verstehe noch nicht ganz", meinte Jannis, der immer noch gebannt an den Lippen des Alten hing.

„Das Leben des Menschen sollte eine einzige Pilgerreise sein, und das ist es im Grunde auch, nur treten die meisten Menschen auf der Stelle."

„Dann gilt das ausnahmslos für alle Menschen?", fragte Jannis.

„Es gibt keine Menschenseele, die sich nicht als Wanderer, als Pilger auf der Reise befindet. Sie alle unterscheiden sich bloß darin, wie bewusst ihnen der Stand ihrer seelischen Entwicklung ist, man könnte auch sagen, der Ort ihres momentanen seelischen Aufenthaltes. Vielleicht erinnert uns die immer wieder gestellte Frage daran: ‚Wie geht's?'"

„Was erwartet mich auf diesem Weg?", wollte Jannis wissen.

„Es ist alles möglich, denn es ist der Weg des Menschen zu sich selbst. Es ist der initiatische Pfad, der hinausführt aus der Dunkelheit ins Licht. Die Pilgerreise, die die Menschen aller Religionen und in allen Kulturen zu ihren heiligen Stätten unternehmen, ist der symbolisch-rituelle Nachvollzug dieses Weges. Auch aus meinem Stamm musste jeder die Reise zu unseren heiligen Stätten auf sich nehmen, um ein ganzer Mensch zu werden. Und man musste es allein tun. Die Reise war gefährlich und konnte mitunter sehr lange dauern. Einige haben das Ziel gar nicht erreicht. Als ich diese Pilgerreise das erste Mal unternahm, war ich fünfzehn Jahre alt. Ich war viele Monate unterwegs und war oft kurz davor zu scheitern oder einfach umzukehren und zu behaupten, ich sei schon am Ziel gewesen oder irgendwo zu bleiben, wo es schön war. Jeder Mensch, dem ich begegnete, hatte eine verschlüsselte Botschaft für mich, die es zu erkennen galt. Alles was mir unterwegs passiert war, hatte eine Bedeutung, diente nur dazu, mich reif zu machen für das Ziel. Die Pilgerreise offenbart nämlich ihren wahren Wert erst im inneren Nachvollzug des Pilgers. Sie dient natürlich der Seele, nicht dem Körper. Die Pilgerstraße ist die Verbindung des Menschen zu Gott. Sie ist identisch mit der geistig-seelischen Entwicklung des Menschen oder, wenn du so willst, mit der Reinigung der Seele. Die Seele ist es, die sich zurücksehnt nach Hause. Sie ist das Licht, das nach Hause zurückgebracht werden muss, aus der Welt der Sinne ins Heiligtum."

„Wenn ich an unseren modernen Pilgertourismus denke", unterbrach ihn Jannis, „dann stelle ich fest, dass das eine sehr oberflächliche Angelegenheit ist, die zur heutigen Schnelllebigkeit und zur Hetze und Ungeduld unserer Zeit passt. Man kann beliebig viele Wallfahrtsorte besuchen, aber man muss nicht wandeln, vor allem muss man sich nicht wandeln."

„Du sagst es", erwiderte der Alte, „und dieser Trend ist gefährlich. Die Menschen wollen immer schon angekommen sein, ohne dass sie vorher gegangen sind. Sie möchten können, aber sie möchten nicht lernen. Können ist jedoch der Abschluss eines Prozesses, Lernen ist dieser Prozess selbst. Im Lernen liegt der Prozess der Reife, nicht im Besitz einer Information. Die heutigen Menschen neigen leider oft dazu, Information mit Wissen und Reife zu verwechseln. Sie übersehen dabei, dass im Gehen das Wesen der Wandlung verborgen ist. Gehen ist Lernen."

„Wenn ich dich richtig verstanden habe, bleibt der seelische Standort des modernen Pilgertouristen so stets der gleiche", resümierte Jannis.

„Du hast es erfasst. Statt dessen werden die Wünsche und Begehrlichkeiten dem Menschen zu unbeständigen, wechselhaften Zielen. Der Werdegang des echten Pilgers ist dem genau entgegengesetzt. Der Ursprung und der Grund seines Weges ist das Heilige. Der Wunsch und die Sehnsucht danach machen ihn zu einem Gehenden."

„Aber den Wunsch danach verspüre ich erst jetzt, nachdem ich leide."

Der Alte nickte wieder bedächtig. „Wenn der eigene seelische Standort nicht bekannt ist, oder das Ziel aus den Augen verloren wurde, tritt Orientierungslosigkeit ein. Der Mensch kann die ihm zugestoßenen Geschehnisse nicht mehr in lebendigem Zusammenhang sehen und er versteht die Sprache seines Schicksals nicht. Er leidet! Und erinnere dich: Der Grad des Leidens ist unabhängig vom äußeren Geschehen. Er ist nur abhängig vom Bewusstseinsgrad des Menschen. Das Leid ist also der Aufruf, die Wanderschaft wieder aufzunehmen, sich auf den Weg zu machen und heil zu werden. Leider gibt es nur wenige Menschen, die diesem Aufruf wirklich Folge leisten, aber es gibt fast niemanden, der sich ohne diesen Aufruf auf einen Heilsweg macht. Du hast ihn jetzt vernommen. Ob du ihm auch folgst, musst du selbst entscheiden."

„Ich hatte gehofft", gab Jannis kleinlaut zu, „ich könnte noch eine Weile bei dir bleiben, um von dir zu lernen."

Der Alte schüttelte den Kopf. In seinem Gesicht spielte wieder das gütige Lächeln, und Jannis hatte den Eindruck, dass es seinem ganzen Antlitz einen strahlenden Glanz verlieh. „Jeder von uns ist dort hingestellt, wo er hingehört. Jeder hat seinen Auftrag zu erfüllen. Ich erfülle meinen, indem ich dir auf den Weg helfe. Gehen musst du selbst. Ich bin nur ein Wegweiser."

„Ein Weiser am Weg", dachte Jannis, und laut fragte er: „Wohin soll ich mich wenden?"

„Geh in dich und die Antwort wird dir zufallen", erwiderte der Alte. „Eins will ich dir noch mitgeben, ein Gedicht des berühmten Mystikers Hafis:

Hoffe stets,
wird auch Verborgenes
nicht enthüllt vor deinem Blicke.
Hinterm Vorhang
spielen seltsam die Geschicke.
Traure nicht! '[2]

---

[2] Aus: „Sammlung persischer Gedichte", Birkhäuser Verlag, 1945

Delphi

Das mysterium divinum

Sie hatten Anker geworfen und wollten die Nacht in Küstennähe verbringen. Jannis hatte sich einen Platz an Deck gesucht. Leise und sacht plätscherten die Wellen gegen den Kutter und wiegten ihn leicht, als hätte er kein Gewicht. Inzwischen hatte er sich an den Rhythmus der Wellen gewöhnt und seine Bewegungen dem ständigen Schaukeln angepasst. Die Nacht war klar und die Luft war von einer salzigen Brise erfüllt. Jannis lag auf dem Rücken und schaute in den makellosen Sternenhimmel. Die Luft war hier so sauber, dass die Sterne zum Greifen nahe schienen.

„Eine Zeitreise", dachte er, „das Licht macht eine Zeitreise. Ich sehe den kleinen Stern da oben, wie er vor ein paar tausend Jahren war, weil das Licht so lange von ihm zu mir unterwegs ist. Eigentlich sehe ich in die Vergangenheit." Er schloss die Augen, und auch seine Gedanken gingen in der Zeit ein Stück zurück.

Er hatte sich am Morgen von dem Alten verabschiedet. Schon wieder ein Abschied, und wieder war es ihm nicht leicht gefallen. Er hatte das Gefühl gehabt, wesentlich mehr Zeit bei ihm verbracht zu haben, als die paar Tage, die vergangen waren, seit er Charlie kennengelernt hatte. Sein inneres Erleben war viel reicher gewesen als manche Jahre seines früheren Lebens. Der Alte hatte ihm ein geschlossenes Kuvert gegeben, ein dritter Brief von Charlie. Das bange Gefühl, das Jannis beschlich, verschwand, als die gütigen Augen des Alten auf ihm ruhten und er ihn umarmte. Schnell wandte er sich um und ging. Der Rückweg war diesmal leicht und problemlos. Der Jeep stand noch unversehrt an der Stelle, wo Jannis ihn abgestellt hatte und in kurzer Zeit war er zurück in dem Ort, den er vor zwei Tagen in völlig anderer Verfassung verlassen hatte.

Im Hotelzimmer riss er das Kuvert auf und las:

„Lieber Jannis,

du hast mir vor kurzem auf die Frage, wer du bist, geantwortet, du wüsstest es nicht mehr. Nun, etwas darüber herauszubekommen wird deine erste Aufgabe sein. Erkenne dich selbst!

Sei gewiss, es kann dir nichts passieren, wozu du nicht reif bist. Deshalb ist alles, was dir passiert, gut, alles hat einen Sinn. Aus jedem Ereignis kannst du den Sinn und die damit verbundene Aufgabe herauslesen. Du wirst den Menschen begegnen, die du brauchst, und du wirst Hilfe bekommen, wenn du sie brauchst. Denke daran: Alles, was dir begegnet, ist dein Spiegel. Wenn du lernst, dich im Außen zu erkennen, brauchst du vor dem Außen keine Angst mehr zu haben. Es gibt dann nichts Böses mehr, und du kannst alles als sinnvoll und gegeben hinnehmen, einverstanden sein. Dann wird sich ganz automatisch ein Vertrauen in das Leben einstellen, und eine innere Ruhe wird sich deiner bemächtigen. Und es wird leicht sein, aktiv zu werden, das Leben selbst in die Hand zu nehmen und es nicht davon leben zu lassen, wovor du Angst hast. Denn allem, wovor man Angst hat, verleiht man Macht über sich! Deshalb habe Mut und erkenne dich selbst!"

Versonnen schaute Jannis vor sich hin. Eine tief vergrabene Erinnerung wurde an die Oberfläche seines Bewusstseins gespült. Er hatte es in der Schule, im

Philosophie- oder im Geschichtsunterricht schon mal gehört. Damals hatte es ihn eher gelangweilt, seine Aufmerksamkeit hatte anderen Dingen gehört. Erkenne dich selbst!

Er wusste jetzt, wohin ihn sein Weg zuerst führen würde. Delphi. Das Orakel. Jannis nahm die nächste Maschine nach Griechenland.

*

Es war kein Problem, von Athen nach Delphi zu gelangen. Zu dieser Jahreszeit war der Touristenstrom noch nicht so mächtig, aber allein war man an solch einem Ort nur spät in der Nacht oder in den sehr frühen Morgenstunden. Jannis bevorzugte die Stunde vor Sonnenaufgang. Um diese Zeit war kein Mensch in den Tempelanlagen zu sehen. Er fand bald, was er suchte und ließ sich auf einer flachen Stelle gegenüber der steinernen Inschrift nieder. Die ersten Anzeichen der Dämmerung erhellten schon leicht das Dunkel, das ihn umgab. Wie Lanzen stießen die noch zaghaften Strahlen der Sonne fast waagerecht durch das morgendliche Grau. Schon konnte er die Inschrift entziffern:

Gnothi Seauton!

Erkenne dich selbst!

Da saß er nun. Er verstand wohl die Aufforderung, doch wie sollte er beginnen? Sein ganzes Leben hatte er sich derlei Gedanken nicht gemacht. Zum ersten Mal war es ihm aufgefallen, als Charlie ihn gefragt hatte, wer er sei und er ihr keine Antwort geben konnte, weil alles, womit er sich identifiziert hatte, nicht mehr existierte. Und was übrigblieb, war ihm unbekannt.

„Wenn ich jetzt einen Lebenslauf schreiben müsste", dachte er, „würde er sich in der Struktur von dem der meisten Menschen nicht unterscheiden. Mehr oder weniger glückliche Kindheit, Ausbildung, Job, Heirat, Kinder, Karriere im Beruf, der Traum eines Hauses, einer Eigentumswohnung oder eines Zweitwagens, Urlaub mit Freunden, Einrichten in einem sozialen Beziehungsgeflecht. Ein belangloses Leben." Erst ein Schicksalsschlag hatte ihn aus dieser merkwürdigen Betäubung gerissen, nachdem er zunächst in eine noch tiefere Betäubung gefallen war. Bis dahin schien es, als ob das Leben ihn gelebt hätte und nicht umgekehrt. Sein vermeintlich gutes Leben war angefüllt gewesen mit irgendwelchen Aktivitäten, immer in dem Bemühen, die äußeren Umstände zu verbessern. Merkwürdig, seitdem ihm klar war, dass das Leben eine Wanderschaft ist, war das nicht mehr wichtig. Jede Lebenssituation ist eine Durchgangsstation, das ganze Leben ist es. Ihm fiel ein Vergleich ein, und er musste schmunzeln. Niemandem würde es einfallen, wenn er auf Reisen ist, jedesmal sein Hotelzimmer mühevoll umzugestalten und zu perfektionieren, oder darauf bedacht zu sein, für immer in diesem Hotelzimmer zu bleiben. Aber genau das hatte er versucht. Und erst der schwere Schicksalsschlag hatte ihn hinauskatapultiert. Hinaus ins Leben.

Die künstlichen Absicherungen hatten das nicht verhindern können. „Das Gesetz des Lebens", fuhr es ihm durch den Kopf, „heißt Wandlung. Mein Leben war nichts anderes als ein unbewusster Tanz ständig wechselnder, flüchtiger Formen. Verändert sich nicht alles andauernd? Das Gras, die Blätter, die Bäume, alle Formen der Natur, das Wetter, die Zeit, vor allem sie, namentlich die Zeit, die Menschen, die man trifft, die Freunde, die Beziehungen, die Ansichten und Meinungen, der Körper und auch unser Charakter. Alle Umstände und Einflüsse sind vergänglich. Aber wo gibt es etwas Solides und Dauerhaftes, auf das man sich verlassen kann? Auch unser Geist ist vergänglich und flüchtig – wie ein Traum. Ich habe nicht die geringste Ahnung, was ich als nächstes denken oder fühlen werde. Auch das, was ich jetzt gerade denke, ist gleich wieder vorbei. Wo also gibt es etwas Bleibendes?"

Jannis hatte plötzlich wieder das Gefühl, nicht allein zu sein. Er sah sich um. Ein Mann, der ungefähr in seinem Alter war, hatte sich zu ihm gesellt, ohne dass er es bemerkt hatte. Er war schlicht gekleidet, nicht so, wie Touristen üblicherweise gekleidet sind, und sein gebräuntes Gesicht war von dichtem, schwarzem Haar umgeben. Er lächelte Jannis zu, als dieser ihn ansah und wies mit einem Nicken auf die Inschrift.

„Er ist über uns und jenseits von uns, und doch ist er in uns." Er hatte eine klare, sonore Stimme und sein Englisch war von einem amerikanischen Slang gefärbt, den Jannis nicht genau einzuordnen wusste.

„Ich verstehe nicht", erwiderte Jannis. Und im Stillen dachte er: „Merkwürdig, an gewissen Orten treffe ich immer Leute, die zu wissen scheinen, was mir fehlt."

„Entschuldigung", sagte der Fremde. „Ich bin gerade meinen eigenen Gedanken nachgegangen. Vor zwei

Jahren stand ich auch genau an dieser Stelle und fragte mich, wie diese Aufforderung zu verstehen sei: Erkenne dich selbst."

„Was hat Sie damals hierher geführt?", wollte Jannis wissen.

Der Fremde antwortete überraschend offen: „Ich hatte damals den Boden unter den Füßen verloren und suchte nach einem Neubeginn. Und tatsächlich hatte ich hier eine entscheidende Begegnung, die mein Leben veränderte und in völlig andere Bahnen lenkte. Nur ahnte ich das damals noch nicht. Ich hatte alles für Zufall gehalten." Bei diesen Worten musste er unwillkürlich lächeln. „Heute weiß ich es besser. Auch Sie machen einen ziemlich ratlosen Eindruck, so als stünden Sie auf einer Schwelle und wüssten nicht, in welcher Richtung Sie sie überschreiten wollen."

„Vielleicht kann man es so ausdrücken", erwiderte Jannis und begann, sich über die unerwartete Begegnung zu freuen, die interessant zu werden schien. „Mein Problem ist, dass ich eben nicht mehr weiß, wer ich eigentlich bin, seitdem ich alles verloren habe, mit dem ich mich mal identifiziert hatte."

„Haben Sie sich mal Gedanken darüber gemacht", fuhr der Fremde fragend fort, „dass die Worte 'ich' und 'selbst' nicht identisch sind, dass sie nicht dasselbe meinen? Wenn Sie sich selbst erkennen wollen, müssen Sie zunächst wissen, was das Wort 'selbst' bedeutet. Die Rollen, die Sie in Ihrem Leben spielen oder gespielt haben, und all das, womit Sie sich für gewöhnlich identifizieren, sind damit nicht gemeint: Ich bin der und der, ich bin Vater, ich bin Ingenieur, ich bin Freund, Ehemann und so weiter. All das

das kennen Sie schon und brauchen es nicht mehr zu erkennen. Sie könnten den Satz verändern und sagen: Erkenne dein Selbst. Dann wird es klarer. Es ist Ihr innerstes Wesen, das, was so tief in Ihnen den wahren Kern Ihres Wesens ausmacht, dass es Ihnen noch völlig unbekannt ist. Um mehr darüber zu erfahren, müssen Sie etwas über das göttliche Geheimnis wissen, das mysterium divinum."

„Können Sie mir etwas darüber erzählen?", fragte Jannis, der sich noch immer über das unerwartete Gespräch wunderte.

„Wenn Sie wollen, kommen Sie morgen um die gleiche Zeit wieder und denken Sie bis dahin über die Gegensätze in der Welt nach, in der wir leben, über die Polarität. Dann will ich Ihnen gerne mehr erzählen." Der Mann stand auf und lächelte Jannis freundlich zu. „Übrigens, mein Name ist John."

„Ich heiße Jannis. Also dann..."

John wandte sich um und ging langsam davon. Auch Jannis erhob sich, einigermaßen irritiert. Inzwischen waren schon die ersten Besucher gekommen und besichtigten die Reste der antiken Tempelanlage. Er ging zum Eingang zurück und lief in den Ort. Irgendwo am Rand des Ortes hatte er sich ein kleines Zimmer genommen und nahm nun die Richtung auf seine Unterkunft, um ein einfaches Frühstück zu sich zu nehmen. Gemächlich und in Gedanken versunken schlenderte er an den Verkaufsständen für die Touristen vorbei, als sein Blick plötzlich auf ein Vexierbild fiel. Es bildete die schwarzen Silhouetten zweier Gesichter im Profil ab, die einander zugewandt waren. Der Hintergrund war weiß. Jetzt konzentrierte sich Jannis auf den Hintergrund, und er bemerkte, dass das Weiß zwischen den zwei Gesichtern die Form einer Vase hatte. Die Form der Vase wurde bestimmt durch die Konturen der zwei Gesichter, nur sah er jetzt die Gesichter nicht mehr. Er konzentriert sich wieder auf die schwarzen Formen und konnte jetzt wieder deutlich die zwei Gesichter erkennen, aber die Vase war nun nicht mehr wahrnehmbar.

Plötzlich durchzuckte ihn eine Erkenntnis. Hier offenbarte sich ihm ja das Geheimnis der Polarität. Man musste nur richtig hinschauen. Man kann nur immer eines von beiden wahrnehmen, die Wahrnehmung ist an ein zeitliches Nacheinander gebunden, obwohl beides gleichzeitig da ist. Hintergrund und Vordergrund lautete hier die Polarität. Und beide sind voneinander abhängig, bestimmen jeweils die Form des anderen. Nimmt man den einen Pol weg, verschwindet auch der andere. Und andere Beispiele fielen ihm ein: das Atmen, Ein- und Ausatmen, Elektrizität mit Plus- und Minuspol. Nimmt man einen Pol weg, entfällt auch der andere und es gibt keine Elektrizität mehr. Unendlich ist die Kette der Beispiele.

Jannis ging in den kleinen Laden, der hinter dem Verkaufsstand zum Betreten einlud. An der gegenüberliegenden Wand gewahrte er sofort dasselbe Vexierbild. Er ging hin und nahm ein Buch in englischer Sprache, das unter dem Bild auf einem kleinen Tischchen gelegen hatte. Wahllos schlug er irgendeine Seite auf und begann zu lesen: „Polarität, Trennung, Zweiheit sind die Urgegebenheiten irdischen Daseins. Eingespannt zwischen Ja und Nein, Auf und Ab, warm und kalt, gut und böse, rechts und links rollt unser Lebensfaden ab. Das eine wollen wir haben, das andere holt uns immer ein, so wie

Ausatmen immer das Einatmen erzwingt. Der Mensch kann nur in Gegensätzen, in die sein Bewusstsein alles spaltet, denken: groß – klein, hell – dunkel, richtig – falsch, Gesundheit – Krankheit und so weiter. Ja, selbst das Bewusstsein und auch das Gehirn sind in zwei Hälften gespalten und das gleiche gilt für die meisten Körperfunktionen.

Die Existenz von Mann und Frau ist das Beispiel schlechthin für unser Leben in der Polarität. In der Schöpfungsgeschichte ist der erste Mensch androgyn, er vereinigt in sich männliche und weibliche Merkmale. Adam ist hebräisch und heißt Mensch. Erst durch die Teilung in Mann und Frau, wobei die Frau nicht von außen dazukam, sondern vom Menschen (nicht vom Mann) genommen wurde, gibt es eine Unterscheidung der Geschlechter. Der Name Eva heißt übersetzt ‚Menschin‘, also ‚Frau‘.“

Jannis schlug das Buch zu und überlegte: „Vielleicht streben deshalb Mann und Frau ein Leben lang zueinander, um wieder ein Fleisch zu sein. Nur in diesem Zustand jedenfalls ist der Mensch fähig, neues Leben zu schöpfen, ein Attribut, das man sonst Gott zuspricht. War hier ein Hinweis auf die Ebenbildlichkeit des Menschen mit Gott?“

Jannis schlug das Buch wieder an anderer Stelle auf: „Wodurch ist der Mensch an die Welt der Gegensätze gebunden? – Dadurch, dass er ‚Ich‘ sagt und sich damit abgrenzt von allem, was er als Nicht-Ich empfindet. Er ist gezwungen zu unterscheiden. Aber wie überwindet man die Gegensätze? – Durch die Erkenntnis ihres Einsseins in der Tiefe. Hinter der Polarität muss eine Einheit stehen, der alle Pole angehören, die nicht polar ist, nicht vergänglich, nicht relativ."

Jannis schlug das Buch zu, bezahlte es an der Kasse und verließ damit den Laden. Er verbrachte den ganzen Tag sehr nachdenklich, ohne auf das Treiben ringsum zu achten und las immer wieder in dem Buch. Am Abend ging er früh zu Bett, er konnte es kaum erwarten, den geheimnisvollen Touristen, dessen Name John war, wieder zu sehen. Dennoch schlief er die ganze Nacht sehr unruhig und wälzte sich ständig hin und her.

Endlich war es soweit. Er war begierig darauf, mehr zu erfahren und ging rasch den Weg zur Stätte des Orakels. Der Mond strahlte hell und tauchte den geheimnisumwitterten Ort in ein magisches Licht. Von John war nichts zu sehen. Enttäuscht ließ Jannis sich an demselben Platz gegenüber der Inschrift nieder und hing seinen Gedanken nach.

„Es ist schön, dass Sie gekommen sind."

Jannis wirbelte herum. Johns tiefbraune Augen strahlten ihn gütig an.

„Ich habe schon auf Sie gewartet", sagte Jannis, während sich John neben ihm niederließ.

„Erzählen Sie mir, worüber Sie nachgedacht haben."

Jannis erzählte von dem Vexierbild und den Gedanken, die es in ihm hervorgerufen hatte, und auch von dem, was er in dem alten Buch in jenem Laden gelesen hatte. Er wiederholte seine Einsichten und schloss mit dem Gedanken an eine Einheit, die hinter aller Polarität stehen muss.

„Diese Einheit muss es denknotwendig geben", hob der Unbekannte an. „Und sie kann in der Tat weder vergänglich noch relativ sein. Sie ist ‚das Absolute'. Es ist die höchste, die einzig wahre Wirklichkeit. Aber es ist schwer zu erklären, denn es entzieht sich unserem polaren Denken und somit auch unserer Sprache."

„Was ist das Absolute?", warf Jannis ein.

„Man kann nur sagen, was das Absolute nicht ist. Aber ich will trotzdem versuchen, es zu erklären. Bestimmt ist es für Sie nichts Neues, dass die Physik uns lehrt, dass alle Materie aus Atomen besteht, die wiederum aus einem Kern von Elementarteilchen, den Elektronen, bestehen. Inzwischen hat man noch viel kleinere Teile gefunden. Zwischen Kern und Elektronen liegen im Vergleich zur Größe der Teilchen riesige Abstände, ausgefüllt mit leerem Raum, mit nichts. Alle Materie, der Stein, auf dem Sie sitzen, die Kleider, das Flugzeug, mit dem Sie herkamen, ja selbst unsere Körper und das ganze Universum bestehen in überwältigendem Ausmaß aus leerem Raum. Wir können auch sagen: aus dem Nichts. Ist dieser Gedanke nicht erschreckend? Wir stehen, genau betrachtet, in unserer materiellen Welt vor dem Nichts. Und nun gibt es die Erkenntnis, dass es eine andere Wirklichkeit gibt, eine absolute, göttliche, gegen die die materielle Wirklichkeit fast bedeutungslos ist. Das Absolute ist die Wirklichkeit, die hinter allem steht, die uns trägt, denn es ist das große Alles."

„Das große Alles", wiederholte Jannis. „Wie kann man sich das vorstellen?"

„Das ist das Problem. Wir können es uns eben nicht vorstellen, da unser Denken sich in Gegensätzen bewegt, polar ist. Das Absolute aber ist nicht polar. Es hat weder Raum noch Zeit, weder Größe noch Ort, weder Eigenschaft noch Gestalt, sondern es ist alles. Das Eine ist alles."

„Woher kommt dieses Eine-Alles?"

„Auch die Antwort auf diese Frage ist nicht leicht zu verstehen. Es entsteht nicht und vergeht nicht, es hat keinen Anfang und kein Ende, es ist unveränderlich und ewig. Es ist der göttliche Urgrund allen Seins."

„Der Gedanke an eine absolute, höchste Wirklichkeit, die alles umfasst, ist ja gut und schön. Aber ich kleines Menschlein lebe in meiner materiellen Welt und merke davon nichts. Es muss doch zum Menschen eine Verbindung geben, wenn es der Ursprung allen Seins ist!?" John nickte und meinte: „Das ist der Punkt, auf den ich hinaus wollte. Der Zugang zu diesem Göttlichen, dem Absoluten, muss im innersten Wesenskern des Menschen liegen, und damit sind wir beim Selbst. Es muss im Innersten des Menschen ein Funken glühen, der mit dem transzendenten, göttlichen Licht wesensverwandt ist und von diesem abstammt. Mir fällt dazu ein gutes Beispiel ein, ein Bild, wie man es sich vorstellen könnte: So wie sich das Licht der Sonne in Billionen von Tautropfen spiegelt, ist in jedem Tropfen das ganze Licht der Sonne, und doch ist sie nur eine. Erinnern Sie sich an den ersten Satz, den ich zu Ihnen sagte, als ich Sie so in Gedanken versunken vor der Inschrift sitzen sah? Er ist über uns und jenseits von uns, und doch ist er in uns."

Jannis erinnerte sich, und langsam dämmerte ihm, was der Fremde mit diesem merkwürdigen Satz gemeint hatte. „Dann ist Gott also nicht nur über mir und etwas, was außerhalb von mir ist, sondern alle Menschen haben einen Wesenskern, der mit dem Absoluten identisch ist? Mit dem Göttlichen?", fragte er ungläubig.

John nickte lächelnd. „In Momenten der tiefen Kontemplation, wenn ich mir dessen so klar bewusst bin wie nie, dann bete ich zu Gott: ‚Du wohnst in meiner Seele immer drinnen, ich bin die Schale, du der Kern tief innen.'

Der Dichter Goethe hat es einst von einem alten Mystiker übernommen:

Wär' nicht das Auge sonnenhaft,
die Sonne könnt' es nie erblicken;
läg' nicht in uns des Gottes eig'ne Kraft,
wie könnt uns Göttliches entzücken?"

Jannis musste eine Weile über das Gesagte nachdenken.

„Sie können es so verstehen", fuhr John fort: „Wie das Auge der Sonne, so entspricht die Seele Gott."

„Ich verstehe", sagte Jannis. „Aber dann muss ja in allen Menschen das gleiche oder besser gesagt das selbe Selbst sein."

„Das ist eine große Erkenntnis. Und Sie können sie noch erweitern. Da alle Wesen und die ganze Schöpfung nicht außerhalb des Absoluten sein können, also von Gott sind, ist alles, was Sie wahrnehmen, dieses Göttliche, das Sie in Ihrem eigenen Wesenskern sind. ‚Das bist du' ist die berühmte Formel der östlichen Religionen. ‚Tat twam asi'." „Aber besteht nicht die Gefahr", warf Jannis ein,

„dass man das mit seinem Ego, seinem Ich verwechselt und dann größenwahnsinnig meint, man sei göttlich?"

„Ja, das passiert natürlich ansatzweise häufig. Verglichen mit dem Wissen des Menschen ist sein Größenwahn unermesslich. Das Ich ist nicht göttlich. Es ist die Hülle, die das Selbst umgibt. Dennoch kann jedes individuelle Ich grundsätzlich das Selbst erkennen, sonst wäre ja der Auftrag des Orakels unsinnig. In dem Maße, wie das Ich schwindet, wird das Selbst erfahren. Dabei ist es das Selbst selber, das diesen Erkenntnisvorgang auslöst."

„Wie ist das jetzt wieder zu verstehen?"

„Man könnte sich das so vorstellen, dass das Selbst durch die dicken Wände, die es vom Ego, vom Ich trennen, nach diesem ruft, weil es erkannt werden will. Diese, durch die Trennwand gedämpfte Stimme ist es, die unser Ich unruhig macht und unsere Gottessehnsucht weckt."

„Wieso Gottessehnsucht?"

„Da das Selbst identisch mit dem Absoluten ist, dem Göttlichen, ist so gesehen Selbsterkenntnis zugleich Gotteserkenntnis. Das Selbst ist letztlich die Art und Weise, wie das Göttliche mit der Schöpfung, mit dem Universum in Kontakt bleibt, und zugleich ist es die Grundlage und auch das Ziel unserer spirituellen Entwicklung."

„Sagen Sie mir noch mehr dazu, wieso Selbsterkenntnis zugleich Gotteserkenntnis ist."

„Sein Selbst zu erkennen, heißt alles, die Natur von allem zu erkennen und damit das Göttliche. Heilige und Mystiker aller Zeiten haben ihre Erkenntnisse jeweils anders benannt, aber alle haben essentiell das gleiche erfahren. Christen nennen es Gott, die Juden Jahwe, die Kabbalisten nennen das Absolute En-Soph, die Hindus nennen das Absolute Brahma und das Selbst Atman, Sufi-Mystiker nennen es die verborgene Essenz und die Buddhisten nennen es die Buddha-Natur oder die Natur des Geistes."

„Und wie erkennt nun ein normaler Mensch, ein Mensch wie du und ich sein Selbst? Ich kenne niemanden, dem eine Selbsterkenntnis dieser Art schon gelungen ist."

„Gewöhnliche Menschen erkennen ihr Selbst nicht, weil es verschlossen ist in der Hülle, die ihr Ich ist."

„Welche Chance hat man dann überhaupt, jemals das Selbst zu erkennen?"

„Stellen Sie sich eine leere Vase vor. Der Raum innen ist der gleiche wie der Raum außen. Nur die Wände der Vase trennen die beiden Räume. Und nun stellen Sie sich vor, dass die Vase zerplatzt. Im selben Moment verschmelzen der äußere und der innere Raum und sind eins. Erst in diesem Moment erkennen wir, dass sie dasselbe sind und es immer waren. Um eins mit dem Selbst zu werden, muss die Hülle, das Ich, zerplatzen. Das meinte ich, als ich vorhin sagte, dass das Selbst in dem Maße erfahren wird, wie das Ich schwindet. Man kann diesen Vorgang als Transmutation bezeichnen. Vielleicht wäre ein geeigneter Vergleich die Traube, aus der durch Transmutation Wein wird, ohne dass man etwas hinzufügen muss, von geschmacklichen Zusätzen mal abgesehen. Um mit einem christlichen Bild zu sprechen: Wenn das Weizenkorn nicht in die Erde fällt und erstirbt, kann es die Frucht nicht hervorbringen. Das Ich muss also sterben, damit das Selbst letztlich erkannt werden kann."

„Ich habe nie etwas Ähnliches gehört", meinte Jannis, der mit zunehmendem Staunen zugehört hatte.

„Das ist kein Wunder. Unsere Zivilisation beschäftigt sich mit anderen Dingen. Schriftsteller und Intellektuelle erwähnen diese Dinge nicht, genauso wie moderne Philosophen. Die Wissenschaft verneint schon die bloße Möglichkeit dieser Dinge. Sie spielen in unserer heutigen Kultur keine Rolle, und sie kommen schon gar nicht ins Fernsehen. In einer Welt, die sich der Ablenkung, der Zerstreuung verschrieben hat, sind diese Gedanken eher beängstigend, zumindest aber exotisch."

„Auch ich habe viel zu lange nur körperlichen Freuden nachgejagt", sinnierte Jannis, nachdem beide eine kurze Weile geschwiegen hatten.

„Körperliche Freuden sind an sich nichts Schlechtes", erwiderte John. „Es ist nur schade, wenn man sich ausschließlich auf den Körper konzentriert. Der Körper ist der Tempel der Seele, das ist seine Bedeutung. Er ist weder zu verherrlichen noch zu vernachlässigen, sondern er wird durch das innewohnende Selbst geadelt."

„Wodurch haben Sie diese Erkenntnisse erlangt?", wollte Jannis wissen. „Ich glaube nicht, dass es reicht, wenn man dies alles einmal gesagt bekommt oder es in einem Buch liest. Ich denke, es muss auch erfahren und gelebt werden, um vom Kopf ins Herz zu rutschen."

Die Stimme des Fremden senkte sich und er sprach fast zu sich selbst: „Es ist richtig. Man muss alles durchleben. Höhen und Tiefen. Die Erkenntnis der Wahrheit ist in Büchern nicht zu finden. Ich habe viel erlebt, höchste Freude und tiefstes Leid, Gutes und Böses. Liebe und Hass habe ich gesehen und empfunden. Ich habe gesündigt und war tugendhaft, ich habe Menschen verurteilt und bin verurteilt worden. Durch Himmel und Hölle bin ich gegangen und habe auf meinem Weg erkannt, dass ich in allem bin und alles in mir ist."

Tief bewegt schwieg Jannis, und die beiden Männer blieben eine Weile stumm und blickten auf den Horizont. Die Sonne erhob sich über den Ruinen des alten Tempels und hüllte alles in ihr wachsendes Licht. Jannis schaute eine Weile senkrecht in den Himmel und unterbrach dann das Schweigen.

„Was ist mit dem Gott, an den man sich mit seinen Nöten, Ängsten und Leiden wenden kann oder auch mit seiner Dankbarkeit oder Ergebenheit. Ich erinnere mich an den ‚lieben Gott' meiner Jugend, den man ansprechen oder anflehen kann, zu dem ich so oft gebetet habe."

„Sie haben Recht", sagte der Fremde erfreut. „Das ist neben dem Absoluten und dem Selbst der dritte Aspekt des göttlichen Mysteriums: das höchste Wesen: Gott. Es ist der Gott, der seit jeher verehrt, geliebt, aber auch gefürchtet wird. Es ist der Gott, dem alle Tugenden wie Weisheit, Erbarmen, Güte und Liebe in höchster Potenz zugeschrieben werden."

„Ich weiß", fiel Jannis ein, „dass er der Alleinige, der Allwissende und der Allmächtige genannt wird. Aber auch darüber habe ich nie wirklich nachgedacht."

„Dann wird es Zeit, das jetzt nachzuholen", fuhr der geheimnisvolle Unbekannte fort. „In dem Laden, in dem Sie das Buch über die Polarität gefunden haben, befindet sich oberhalb des Vexierbildes ein Regal. Dort habe ich ein Buch eines Mystikers entdeckt, in dem er über das ‚mysterium divinum' schreibt. Es gibt darin auch ein

Kapitel über ‚das höchste Wesen'. Wenn Sie wollen, dann lesen Sie in diesem Buch nach, und morgen können wir uns noch einmal treffen und weiterreden."

Jannis war einverstanden. Er brauchte Zeit, um über das Gesagte nachzudenken, wollte aber gern nochmal mit John zusammentreffen. Wie schon am Tag zuvor schlenderte er gemächlich aus der Tempelanlage, vorbei an den ersten Touristen, die mit ihren Fotoapparaten und ihrer lärmenden Neugier die Ruhe dieses Ortes störten. Er ging ohne Umwege direkt zu dem kleinen Laden und fand sofort das Buch, von dem John geredet hatte. Ohne hineinzusehen kaufte er es und ging dann in sein kleines Zimmer, wo er sich auf das Bett legte und das Kapitel über das höchste Wesen suchte. Es dauerte nicht lange und er war konzentriert in die Lektüre vertieft.

„Das höchste Wesen besitzt im Gegensatz zum Absoluten eine Gestalt. Diese Gestalt kann aber nicht materiell sein, sondern muss spiritueller Natur sein. Und auch die Gestalt Gottes hat drei Aspekte, genau wie das göttliche Geheimnis, das ‚mysterium divinum', dessen drei Aspekte das Absolute, das Selbst und das höchste Wesen sind, die alle eins sind. Unser Dasein unterliegt der dauernden Veränderung, dadurch haftet ihm das Merkmal der Unvollkommenheit an. Wir sind im Alter nicht mehr die gleichen, die wir in der Jugend oder Kindheit waren. Nach jeder einschneidenden Lebenserfahrung, nach überstandener schwerer Krankheit, nach dem Verlust eines geliebten Menschen sind wir nicht mehr dieselben, die wir vorher waren. Ganz anders verhält es sich mit dem göttlichen Sein. Es ist das vollkommene Sein, und alles andere Sein sehnt sich danach, ihm gleich zu werden. Weil Gott der Alleinige ist, kann er zu Moses sagen: ‚Ich bin, der ich bin.' Gott gibt damit zu erkennen, dass er das Sein schlechthin ist und dass er, und sonst niemand, dieses Sein ist. Erinnere dich an das Absolute. Es kann nichts außerhalb des Absoluten geben, sonst wäre es ja nicht mehr absolut. Es ist das Eine-Alles, das All-einige. Insofern wir an diesem Sein teilhaben, sind wir bei Gott. Alles andere Sein ist Schein.

Aber die spirituelle Gestalt Gottes ist nicht nur Sein, sondern auch Wissen. Er ist dabei mehr als der Allwissende – er ist das Wissen selbst. Alles wahre Wissen ist in seinem Wissen begründet, und alle Erkenntnis ist nur ein Abglanz der höchsten Erkenntnis, der Erkenntnis Gottes nämlich. Diese Erkenntnis ist nur durch die Wirkung Gottes möglich, da er selber diese Erkenntnis ist. In dieser höchsten Erkenntnis ist der Erkenner mit der Erkenntnis und dem Erkannten identisch.

Der dritte Aspekt der spirituellen Gestalt ist Gottes Allmacht, und die bedeutet Glückseligkeit. Mystiker haben in ihren Visionen Gott als strahlende Lichtgestalt erfahren, die ein unsagbares Glücksgefühl hervorruft. Sie haben diese Gestalt auch als Inbegriff der Schönheit wahrgenommen, als das Urbild aller Schönheit, das keinem Wandel unseres Schönheitsideals unterliegt. Jeder wahrhaft inspirierte Künstler schöpft, bewusst oder unbewusst, aus dieser Quelle.

Weil der Mensch seinen Weg von Irrtum zu Irrtum findet und immer wieder Enttäuschungen erlebt, fühlt er stets von neuem eine Sehnsucht nach Glück. Und dies ist, auch wenn man es sich selbst nicht eingestehen will, seine Sehnsucht nach Gott."

Jannis las, bis er zu müde war, um noch irgend etwas aufnehmen zu können. Irgendwann fielen ihm die Augen zu und er fand endlich einen erholsamen, tiefen Schlaf. Erst als der Abend schon dämmerte, erwachte er wieder. Diesmal nahm er nicht nur hastig ein paar Brocken zu sich, sondern gönnte sich ein ausgiebiges Abendessen, denn er hatte einen riesigen Appetit. Anschließend schlenderte er durch die von Touristen belebten Straßen und dachte über alles Gehörte und Gelesene nach.

Er wusste nicht, wie lange er so umhergelaufen war, als er bemerkte, dass er wieder vor jenem kleinen Laden stand. Plötzlich wurde er von der Seite angesprochen: „Hallo Jannis, ich habe mir gedacht, dass Sie einem Abendspaziergang nicht abgeneigt sind. Und, haben Sie das Buch gefunden?"

Jannis drehte sich freudig überrascht zu der Seite, von der die Stimme kam und erkannte John, der ihn einlud, den Spaziergang gemeinsam fortzusetzen. Ohne dass sie sich darüber absprechen mussten, schlugen sie den Weg zur Tempelanlage ein. In stiller Übereinkunft steuerten sie den Platz vor der Inschrift an, an dem sie schon am frühen Morgen gesessen und geredet hatten. Sie genossen die angenehme Luft und die Stille, die ringsum herrschte. Leise ließen sie sich nieder und John nahm das Gespräch wieder auf.

„Nun, was haben Sie über das höchste Wesen, das wir Gott nennen, erfahren?"

„Wenn ich alles recht verstanden habe", begann Jannis, „ist wahres Sein nur durch vollständige Erkenntnis gegeben, und Gott besitzt dadurch höchstes Sein, dass alles Wissen in ihm enthalten ist. Das Wissen bedeutet die höchste Glückseligkeit, dann wird umgekehrt die höchste Erkenntnis nur in der absoluten Glückseligkeit erreichbar sein." Jannis wartete auf ein Zeichen der Zustimmung, und der geheimnisvolle Fremde strahlte ihn an.

„Wer sind Sie?", fragte Jannis, „und wieso wissen Sie so viel von diesen Dingen? Und wieso treffe ich dauernd Menschen, die mir Belehrungen über Dinge geben, von denen ich früher nicht einmal etwas geahnt habe?"

„Viele Fragen auf einmal." Ein mitfühlendes, gütiges Lächeln umspielte die Lippen des anderen. „Ich bin einfach jemand, der dieselben Erfahrungen gemacht hat wie Sie. Ich weiß, wie sie sich fühlen, und ich ahne, welchen Weg Sie noch vor sich haben. Genau diesen Weg bin ich schon ein Stück vorausgegangen.

Sie haben mich aus zwei Gründen getroffen. Zum einen sind Sie durch Ihre Biographie reif geworden für diese Begegnung. Sie haben ja inzwischen schon gelernt, dass einem nur die Menschen begegnen und die Situationen widerfahren, zu denen man eine Affinität hat. Um es ganz richtig zu sagen: Sie können sonst auch derartige Situationen erleben, Sie hätten mir auch früher schon mal begegnet sein können, nur gehen diese Situationen sonst unbemerkt an Ihnen vorbei. Erst wenn Sie soweit sind, eine bestimmte Lernaufgabe anzugehen, wird ein Problem für Sie in einer Situation sichtbar, es tritt in die Manifestation. An sich gibt es ein Problem überhaupt nicht. Es ist nur der Unterschied zwischen einer Situation, die es zu bewältigen gilt, und Ihrem Bewusstseinsstand. Deshalb ist es auch nur für Sie ein Problem. Es verhält sich genau so, wie mit dem Leid. Wenn Sie reif sind zu lernen, wird Ihnen der Lernstoff in dieser oder jener Form ‚zufallen'.

Der zweite Grund, warum Sie mich getroffen haben, ist der, dass es Helfer gibt, denen man immer dann begegnet, wenn man sie wirklich braucht. Ich bin mir so sicher, weil ich es aus eigener Erfahrung weiß. Das sollte Ihnen Vertrauen und Mut geben für Ihren weiteren Weg."

„Für meinen weiteren Weg", wiederholte Jannis. Und etwas verlegen fragte er: „Wie kommt es, dass ich immer fortgeschickt oder verlassen werde, wenn ich eigentlich noch bleiben will, um zu lernen?"

„Ich glaube, dass sich Ihnen schon einmal jemand als Wegweiser offenbart hat. Wenn Sie aber nach Bethlehem wollen und Sie sehen unterwegs einen Wegweiser, dann gehen Sie auch nicht hin und umarmen diesen Wegweiser und bleiben möglichst lange bei ihm. Das gilt auch für Lehrer oder Gurus. Auch sie sind Wegweiser. Ein Weg muss gegangen werden, und wenn es Zeit ist zu rasten, werden Sie es bemerken. Haben Sie Vertrauen."

Jannis nickte und sah dann dankbar lächelnd zu John, der ihm lange und tief in die Augen schaute. Sein Gesicht strahlte voll Güte und Mitgefühl. Es war, als flösse ein Strom der Kraft von ihm zu Jannis. Jannis spürte die Kraft des anderen, seinen Mut, seine Zuversicht, und er stärkte sich in dem Gefühl der Verbundenheit mit ihm. Ohne dass er erklären konnte, wie es geschah, war in ihm der Beginn eines tiefen Vertrauens erwacht, ein Vertrauen, dass alles, was ihm widerfuhr, nur für ihn geschah und deshalb immer richtig für ihn war, nie zu seinem Schaden sein konnte. Er spürte, fühlte, wusste es, er sog es mit dem Atem ein, er roch, er schmeckte es, er hörte es seine innere Stimme sagen, alle Sinne riefen es ihm in diesem Augenblick zu, diesem gesegneten Augenblick, diese Lücke, die sich auftat zwischen zwei Gedanken, wenn der eine schon gedacht und der andere noch nicht aufgetaucht war. Konnte man in diese Lücke schauen, dann war es möglich, einen Blick zu erhaschen auf das Wesen aller Dinge, auf sein eigenes Wesen. Diese Lücke zu vergrößern war das Ziel aller Meditationsübungen, und hier in diesem Augenblick, zu dem ihn dieser fremde Mann geführt hatte, sah er in stillem Gewahrsam den Geist, den sein Schicksal atmete. Sein Schicksal, das ihn zu erdrücken drohte; es erwies sich als Führer, als Bote, als Wegweiser und mehr noch: es stieß ihn mit aller Macht in die Richtung, die er nun zu gehen hatte. Und er wollte gehen. Sein ganzes Sein drängte ihn und sein ganzes Drängen war Sehnsucht, Sehnsucht nach dem Licht, das ihn aus seinem Dunkel befreien konnte.

Jannis wusste nicht, wie lange er in diesem Zustand verharrt hatte. Irgendwann hatte er die Augen geschlossen, um nicht abgelenkt zu werden. Er brauchte nicht zu sehen, er war ganz im Hier und Jetzt. Kein Festhalten an der Vergangenheit, keine Angst vor der Zukunft und auch kein banges Hoffen. Er war ganz im Augenblick, und es kümmerte ihn nicht das Außen, nicht das Gestern oder das Morgen. Er ruhte in sich selbst. Ohne dass er versucht hätte, durch Anstrengung zu meditieren, war es einfach passiert. Meditation war einfach geschehen. In diesen wenigen Augenblicken gab es weder Zeit noch Raum. Er wusste nicht, wieviel Zeit außen verstrichen war, er hatte jedes Gefühl für die Zeit und auch für die Umgebung verloren.

Irgendwann schlug er die Augen wieder auf. Der Platz ihm gegenüber war leer. Jannis schaute hinauf zum Himmel. Er war erfüllt mit einer Vielzahl von Sternen, wie sie nur in ganz klaren Nächten zu sehen waren. Langsam erhob er sich und verließ die Tempelanlage. Sein Schritt gab seine ruhige Entschlossenheit wieder. Was hatte John so beiläufig gesagt, oder war es aus Absicht geschehen? Der Name der heiligen Stadt.

Er wusste die nächste Etappe seiner Reise: das Land seiner Urahnen, Israel.

* * *

Der Fischer

Die Entscheidung

Jannis machte sich noch am selben Tag auf den Weg. Er wollte zu irgendeinem kleinen Hafen und sich dort von einem Fischerboot mitnehmen lassen. Auf gar keinen Fall wollte er fliegen, und der Weg über das Meer schien ihm angemessen. Er wollte die Anstrengung des Weges spüren, kein Tourist sein. Zuerst fuhr er mit dem Bus, bis er weit genug vom Ort entfernt war, dann ging er zu Fuß weiter auf der Landstraße in Richtung Athen. Jannis war den ganzen Tag gelaufen, tief in Gedanken versunken. Alles was er benötigte hatte er in seinem Rucksack verstaut, den er auf dem Rücken trug. Ab und zu hatte er angehalten und eine kleine Pause gemacht, hatte aber mit niemandem ein Wort gewechselt. Am späten Nachmittag hielt ein Karren neben ihm, der von einem Maulesel gezogen wurde und den ein einfach gekleideter, wie ein Bauer wirkender Mann lenkte. Neben ihm saß eine füllige Frau, beide mochten wohl um die fünfzig sein, und mit einem freundlichen Redeschwall bedeuteten sie Jannis, hinten aufzusteigen und sich mitnehmen zu lassen. Mit Handzeichen und ein paar englischen Wortbrocken fragten sie ihn, ob er eine Mahlzeit und ein Lager für die Nacht bräuchte. Nach einer Weile verstand Jannis, was sie ihn fragten und war erfreut über die unverhoffte Hilfe. Sie kamen in ein kleines Dorf in der Nähe von Theben und fuhren direkt zu einem alten Gasthaus. Die Leute kannten den Wirt und Jannis wurde freundlich begrüßt. Sie nahmen gemeinsam eine einfache Mahlzeit zu sich, mit Fladenbrot, Käse und Oliven und dazu griechischen Landwein. Jannis konnte sich nicht erinnern, dass ein solch einfaches Essen ihm jemals so gut geschmeckt hätte. Der Wirt konnte etwas besser Englisch sprechen und kam mit Jannis ins Gespräch. Als er erfuhr, wohin Jannis wollte, erzählte er ihm von einem Verwandten, der auf der Insel Rhodos lebte und der mit seinem Fischkutter regelmäßig Zypern ansteuerte. Jannis würde versuchen ihn zu finden.

Am nächsten Morgen machte er sich auf zum Kap Sunion, südlich von Athen. Ab und zu ließ er sich ein Stück von einem Bus mitnehmen. Er erreichte Athen am frühen Abend, aß irgendwo eine kleine Mahlzeit und suchte sich eine Unterkunft für die Nacht. Anschließend ging er durch die Straßen dieser historischen Stadt und strebte der Akropolis zu. Hier und da sah er ein Liebespaar eng umschlungen vorbeilaufen und das Gefühl der Fremde und der Sehnsucht bemächtigte sich seiner. Ein paar Kinder drückten sich in Hauseingängen herum und ab und zu glaubte Jannis, die Gesichter seiner eigenen Kinder zu sehen. Tränen traten in seine Augen und er fragte sich unwillkürlich: „Was mache ich eigentlich hier, so völlig allein? Ich gehöre hier nicht hin. Ich sollte doch lieber...“

Aber hier unterbrach er seine Gedanken, denn er wusste auch nicht, wo er sonst hätte sein wollen. Er hatte einfach kein Interesse mehr an einem alltäglichen Leben, wenn er es ohne Elli und die Kinder leben musste. Er hatte die Bedürfnisse nicht mehr, die im Alltag die Menschen in Beschlag nehmen und die tieferen Schichten des Lebens überdecken. Es gab für ihn keine egoistischen Wünsche und Begehrlichkeiten mehr und keine Interessenskonflikte mit anderen. Er musste nicht mehr um Anerkennung kämpfen, um Erfolg oder die Durchsetzung seiner Interessen. Sämtliches Beiwerk war von ihm abgefallen; er hatte das Gefühl, bei sich selbst angekommen zu sein. Es gab für ihn nur noch einen Kampf, ein Ringen, ein Interesse. Er musste den Sinn finden, der in allem lag, den Sinn seines Lebens. – Ohne diese Suche würde er nicht mehr leben können.

Sehr früh am Morgen machte er sich am nächsten Tag mit neuer Entschlusskraft auf den Weg und erreichte nach drei Tagen einen kleinen Hafen am Kap Sunion. Von hier aus war es ein Leichtes, mit den Fähren von einer Insel zur anderen durch die Ägäis zu fahren. Insel-Hopping nannten es die jungen Rucksacktouristen, die Naturverbundenheit und Inselromantik suchten. Andere suchten bloß Entspannung, und es gab auch solche, die augenscheinlich auf der Flucht waren vor der Hektik, dem Alltagsstress und den Anforderungen des europäischen Groß-stadtlebens. Alle waren auf der Suche nach irgend etwas, und Jannis hatte zum ersten Mal das Gefühl, dass sie letztendlich alle dasselbe suchten, mehr oder weniger bewusst.

Nach ein paar Tagen hatte er die Insel Rhodos erreicht. Er fragte sich im Hafen nach einem Bus durch, der ihn entlang der Küste zu dem kleinen Fischerdorf mitnahm, das ihm der Wirt beschrieben hatte. Hier suchte er sofort den Verwandten des Wirts auf. Er fragte den ersten Menschen, der ihm begegnete, und der wies ihm den Weg zum Haus des Fischers.

Stawros war ein breitschultriger Mann mit einem vom Wetter gegerbten Gesicht und riesigen Händen. Seine Augen blitzten amüsiert, als Jannis sich vorstellte und erzählte, wer ihn hergeschickt hatte. Sein schon ergrautes Haar spielte in wirren Locken auf seinem Kopf und milderte zusammen mit seinen freundlichen Augen sein hartes, kantiges Aussehen. „Wir haben beide Glück", sagte er in überraschend gutem Englisch. „Mein Sohn ist krank und kann mir im Augenblick nicht helfen. Du kannst mit nach Zypern fahren und seinen Platz auf dem Boot einnehmen." Die Männer unterhielten sich noch eine Weile. Später gesellte sich die Frau des Fischers zu ihnen. Die Arbeitskleidung des Sohnes wurde gebracht, und Jannis musste sie anprobieren. Sie passte einigermaßen.

„Gehen wir zu Bett", sagte Stawros, nachdem sie gegessen hatten. „Wir brechen lange vor der Dämmerung auf."

Jannis schlief unruhig in dieser Nacht. Immer wieder wachte er auf und wälzte sich erneut in den Schlaf. Als der Fischer ihn weckte, war es noch stockdunkel draußen. Jannis kannte sich weder mit Booten aus, noch mit der Arbeit eines Fischers, und er war froh, dass Stawros seine knappen Anweisungen wenigstens auf Englisch machen konnte. Es war schon alles für die Fahrt vorbereitet, und kurze Zeit später stachen sie in See.

Stawros besaß einen kleinen Kutter mit einem starken Motor. Trotzdem erreichten sie das erste Fanggebiet erst am zweiten Tag. Die Ausrüstung war einfach und die Arbeit hart. Körperliche Anstrengung dieser Art war für Jannis ungewohnt und schon am ersten Abend schmerzten Arme und Rücken und vor allem seine Hände. Der Fang wurde gleich an Bord verarbeitet und in einen kleinen Kühlraum unter Deck geworfen. Die Abfälle schütteten sie zurück ins Meer.

Sie hatten Anker geworfen und wollten die Nacht in Küstennähe verbringen. Jannis hatte sich einen Platz an Deck gesucht. Während die Wellen leise und sacht gegen den Kutter plätscherten, lag er still auf den Planken und blickte versonnen in den Sternenhimmel. Er dachte noch einmal über das nach, was er in Delphi gehört hatte. Ein fremder und zugleich wunderbarer Gedanke: der innerste Wesenskern des Menschen ist der göttliche Funke. So war Gott in ihm und er war in Gott, denn es konnte ja außerhalb des Absoluten nichts geben. Ein paradoxer Gedanke, aber so muss wohl die allumfassende Einheit zu verstehen sein. Sie ist alles, innen und außen, groß und klein, hell und dunkel, und muss deshalb für unseren Verstand paradox sein. Aber auch das waren nur Denkhilfen, denn er wusste, das Absolute ist jenseits aller konkreten Eigenschaften.

Und noch ein Gedanke erfüllte ihn, noch klarer und dringender, mehr in seinem Herzen geboren als in seinem Verstand. „Jetzt, da du solches weißt, dass du in Gott bist und Gott in dir", sagte er in Gedanken zu sich selbst, „kannst du nicht mehr leben wie früher. Du kannst nicht mehr gedankenlos leben und du kannst schon gar nichts Böses mehr tun, denn du zwingst ja Gott, es mit zu tun."

Tiefer und umgreifender veränderte diese Erkenntnis seine Lebenseinstellung, als alles Verstandesdenken es vermocht hätte. Jannis begann zu spüren, dass mit diesem Wissen eine Verpflichtung verbunden war, dass diese Einsichten den Charakter der Verbindlichkeit für sein Leben hatten. „Echtes Wissen", durchfuhr es ihn, „ist erst gegeben, wenn man zu dem geworden ist, was man weiß."

Vom Bug her bewegte sich Stawros mit schweren Schritten auf ihn zu. Die körperliche Anstrengung war ihm kaum anzumerken, und nie verlor sein Gesicht den Ausdruck von Humor, Offenheit und einer großen Gelassenheit. Er gesellte sich zu Jannis, und nachdem sie eine Weile schweigend den Anblick des Sternenhimmels genossen hatten, fragte er unvermittelt: „Wie verbringst du deine Tage hier auf dem Boot?"

Jannis wusste mit dieser merkwürdigen Frage nichts anzufangen und erwiderte: „Nun, ich arbeite und warte im Übrigen darauf, dass ich nach Israel komme."

„Du schlägst deine Zeit tot?", fragte der Fischer.

Jannis nickte. „So könnte man es nennen."

„Ein merkwürdiger Gedanke, die Zeit totschlagen, findest du nicht auch? Wir schlagen etwas so Kostbares tot, von dem wir wirklich nicht allzuviel haben und das wir deshalb besser nutzen sollten. Auch nichts tun ist oft durchaus angebracht, aber mit Nichts-tun die Zeit tot zu schlagen ist schade."

„Aber es gibt doch Tage", fiel Jannis ein, „wo einem wirklich nichts anderes übrig bleibt."

„Das glaube ich nicht", erwiderte Stawros. „Wer in der Gegenwart immer schon nach der Zukunft giert, ist ganz einfach nie da, aber immer dort, wo noch gar nichts ist. Außerdem hat jeder Tag seinen ganz eigenen, ganz besonderen Wert. Jeder Tag birgt eine Chance, eine Botschaft, eine Aufgabe. Achte gut auf diesen Tag, denn er ist das Leben! Das Leben allen Lebens! So wie in einer einzelnen Zelle die Wirklichkeit des Universums enthalten ist, liegt in dem kurzen Ablauf eines Tages alle Wirklichkeit und Wahrheit des Daseins. Denn das Gestern ist nichts als ein Traum und das Morgen nur eine Vision. Das Heute jedoch, recht gelebt, macht jedes Gestern zu einem Traum voller Glück und jedes Morgen zu einer Vision voller Hoffnung. Darum achte gut auf diesen Tag!"

Jannis fiel ein, dass sein Leben, seit er berufstätig war, oft eine bloße Hetze war. Zeitmanagement war das gefragte Modewort, und es sollte helfen, Zeit zu gewinnen. Aber er konnte sich nicht erinnern, was er mit der gewonnenen Zeit angefangen hatte. „Ich würde gern öfters meditieren und einen solchen Abend dazu nutzen", sagte Jannis nach einer ganzen Weile. Er erzählte dem Fischer von seinem Meditationserlebnis in Delphi. „Ich würde nur allzu gern diese Erlebnis wiederholen, wahrscheinlich würden sich das alle Menschen wünschen. Aber ich habe nie Anleitungen bekommen, wie man meditieren soll. Kannst du es?" Erwartungsvoll schaute er Stawros an.

Der überlegte einige Augenblicke, bevor er antwortete. „Ich habe auch nie Anleitungen bekommen, aber ich glaube, ich weiß was du meinst. Vor vielen Jahren, als ich noch in der Stadt auf dem Festland lebte, hatte ich eine eigene Firma. Es war eine Computer-Firma, und ich handelte mit Software und Hardware. Ich war recht erfolgreich und arbeitete jeden Tag zwölf Stunden, manchmal vierzehn. All meine Gedanken, mein ganzes Leben, waren auf die Firma ausgerichtet. Immer hatte ich Sorge, den Betrieb am Laufen zu halten, Verbesserungen auszudenken, Gewinnsteigerungen zu ermöglichen. Eines Tages kam ich von einer kurzen Urlaubsfahrt nach Hause und fand mein Haus aufgebrochen. Ich lief hinein und sah sofort, dass eingebrochen worden war. Es herrschte das totale Chaos. Alles Wertvolle war gestohlen worden, der kleine Safe war aufgebrochen und leer. Ich lief von Panik ergriffen in den Hinterhof, zum Firmengelände, wo meine beiden Wagen vor dem Büro parkten. Sie waren beide verschwunden. Sämtliche Hardware war gestohlen worden. Um meinen Schock zu verstehen, musst du wissen, dass es bei uns nicht unbedingt üblich war, gegen so etwas versichert zu sein. Ich stand da, gelähmt vor Schreck und spürte, wie es mir die Kehle zuschnürte. Schweißperlen traten auf meine Stirn und das Blut sackte mir in die Beine. Mir war mit einem Mal klar: Ich hatte alles verloren!

Und jetzt geschah etwas Merkwürdiges. Mein vorher immer so ruheloser, aufgewühlter Geist war plötzlich wie betäubt. Alle Gedanken hörten auf. Statt dessen gab es auf einmal eine tiefe Stille, ein leichtes, beschwingtes Gefühl, fast wie Seligkeit. Alles war nun vorbei, keine Anstrengung mehr, kein Sich-wehren, weil es ja sowieso nichts mehr geholfen hätte. Eine Art tiefer Friede legte sich in diesem Augenblick über mich und ergriff von mir Besitz. Ich war in eine Lücke geraten, von der du auch vorhin berichtet hattest, eine Lücke zwischen dem ruhelosen Denken vorher und dem, was kommen würde. Ich suchte gar nicht erst nach Lösungen, nach Dingen, die ich unternehmen könnte, sondern ich versuchte, in diesem Zustand zu ruhen. Mir wurde mit einem Mal klar, was für ein ruheloses, immer unzufriedenes, Schwindel-erregendes Leben ich geführt hatte, hastig, oberflächlich, immer auf der Suche nach Profit, nach Vorteilen, nach größtmöglichem Gewinn, geschäftlich und privat. Stell dir den Gedanken mal vor: größtmöglicher Freizeitwert. Auch die Freizeitaktivitäten mussten der Spaßmaximierung gerecht werden. Eine Rechnung, die nie aufging, oder wenn, dann nur für den Augenblick, und das Treiben ging weiter. Erst in dem Augenblick, wo ich alles verloren hatte, war mir klar, dass ich es auch nicht brauchte, eigentlich nie gebraucht hatte. Ich ahnte, dass das Leben einen anderen Sinn bereithielt, als die Jagd nach Gewinn, und ich hatte erlebt, dass die Zufriedenheit, die innere Ruhe, das Glück nicht von Dingen abhängig war. Einen tieferen Frieden als in dem Moment des Verlustes, wo alles Kämpfen vorbei war, habe ich vorher nie gekannt. Auch nicht in Momenten des Glücks."

„Ja", sagte Jannis, „diese Lücke zu finden zwischen den Gedanken des Alltags, das ist es, was einen Blick ermöglicht auf die Tiefe unseres Daseins. Nur sind leider nicht alle Menschen bei einem großen Verlust dazu in der Lage, sondern empfinden nur das Unglück."

„Glück, Unglück", sinnierte Stawros. „Was ist Glück? Was die Menschen gemeinhin unter Glück verstehen, sind immer nur Glücksmomente, Vergängliches, die Erfüllung von Wünschen. Und weil diese Momente vergänglich sind, jagen sie ihnen nach, sind rastlos, klagen um Verlorenes und haben stets wechselnde Ziele und Wünsche. Sind diese Menschen reif zum Glücklichsein? Ich sage dir: Erst wenn du keine Ziele und Wünsche mehr hast, bist du wunschlos glücklich. Erst wenn du weder Begehren noch Ablehnung kennst, wenn du alles annehmen kannst und das Glück nicht mehr mit Dingen und Namen verbindest, dann kommt deine Seele zur Ruhe, hört das ewige Jagen und Kämpfen auf und du lernst echten Frieden kennen, Zu-frieden-heit. Das ist Glück."

„Ich verstehe, was du meinst", sagte Jannis, „und ich muss dir unbedingt Recht geben. Nur fällt es mir schwer, das bei dem Verlust von Menschen, die man liebte, auch so zu empfinden."

„Das ist das schwerste Schicksal, das ich mir denken kann", erwiderte Stawros. „Um mit diesem Schicksal in

Einklang zu kommen, muss man einen weiten Weg gehen."

„Bist du denn mit deinem Schicksal in Einklang?", wollte Jannis wissen.

„Ich habe alles, was ich brauche."

„Ist dies Leben dir nicht manchmal zu einsam?"

„Nein", lachte Stawros. „Siehst du, das hat auch etwas mit Meditation zu tun. Die meisten westlichen Menschen meditieren, um ruhiger leben zu können. Ich lebe ruhiger, um besser meditieren zu können."

„Wie meditierst du?", wollte Jannis wissen.

„Ich lausche dem Meer oder schaue ihm zu, seinem ewigen Spiel. Das Meer hat mich manches gelehrt: Geduld, Gelassenheit, Gleichmut und auch Demut. Es ist ein guter Lehrmeister. Mit dem Meer in Einklang zu leben heißt, im Rhythmus der Natur zu leben, ein Teil von ihr zu sein. Das Meer hat mich gelehrt, dass alles vergänglich ist. Nichts hat eine dauerhafte, stabile, eigenständige Existenz. Alle Dinge existieren nicht unabhängig, sondern sie sind voneinander abhängig. Schau dir die Wellen an. Jede einzelne scheint eine unterscheidbare Identität zu besitzen, Anfang und Ende, Geburt und Tod. Aber die Welle ist nur Form, sie hat keine eigenständige Existenz, sie ist leer von eigenständiger Identität. Aber sie ist voll von Wasser. Das was die Welle ist, ist Meer. Sie ist nur das Verhalten von Meereswasser. Die Existenz der Welle ist abhängig von Bedingungen, die sich dauernd verändern, Wind, Wasser, Wetter. Und jede Welle ist mit jeder anderen verbunden, alles ist mit allem verbunden. Wäre das nicht so, wäre kein

Werden und Vergehen mehr möglich, keine Bewegung, keine Wandlung ... ewiger Tod!"

„Alles ist mit allem verbunden", wiederholte Jannis. „Das muss dann auch für die Menschen gelten. Niemand besitzt eine eigenständige Existenz." Ihm fiel ein, was ihm Charlie schon darüber gesagt hatte. Jeder identifiziert sich mit den Rollen, die er spielt. Jeder definiert sich über das, was seine Identität ausmacht: sein Beruf, sein Familienstand, seine Freunde und so weiter, und er schloss: „Mein so eigenständiges Ich ist also eine Illusion?"

Stawros nickte. „Es ist das, was die Buddhisten ‚Shunyata' nennen, Leerheit. Die Dinge, die Erscheinungen sind leer; leer von eigenständiger Existenz. Dadurch ist die ganze Welt ein Symbol. ‚Alles Sichtbare ist nur ein Gleichnis', hat der Dichter Goethe dazu gesagt. Man könnte es auch so ausdrücken: Die Welt ist Träger des göttlichen Lichts. Sie ist in Stofflichkeit gekleidetes Licht."

Versonnen blickte Jannis auf das Wasser in das durchsichtige Grün. Gedankenvoll betrachtete er die Zeichnung, die die kräuselnden Schaumkronen hinterließen. Aus der Tiefe sah er Luftblasen emporsteigen und auf den Wellenkämmen schwimmen. Das Meer blickte ihn mit tausend Augen an. Wer das Meer und seine Geheimnisse verstehen lernte, der würde auch vieles andere verstehen, so schien es ihm, der würde alles verstehen.

Jannis sah wieder zu Stawros. Der lächelte ihn strahlend an und nickte ihm bestätigend zu, so als habe er verstanden. Jannis sah sein Gesicht jetzt anders, strahlend, von tiefem Frieden und Glück durchglänzt, dem Gesicht des Schamanen in Mexiko ähnlich und auch dem des geheimnisvollen Touristen in Delphi, der sich John nannte und der an den Ort seiner Wandlung zurückgekehrt war. Es leuchtete ebenso aus Hunderten von kleinen Falten, und die Augen waren erfüllt von Mitgefühl und Freude.

Jannis blieb noch viele Tage bei Stawros auf dem Boot. Sie arbeiteten schweigend nebeneinander, miteinander. Abends redeten sie viel und Jannis lauschte oft dem Meer. Langsam wich ein kleiner Teil des Schmerzes, den er immer noch mit sich trug, machte sich zwar noch zögernd, aber immer spürbarer eine innere Ruhe bemerkbar, die ihn zu erfüllen begann. Vieles hatte er gehört und gelernt, was ihm bis dahin völlig fremd gewesen war, und es nahm seine Gedanken immer mehr in Anspruch. Er versuchte, mit seinen Gedanken dieses Selbst in seinem Innern zu finden. Aber genau so wenig, wie der Körper das Selbst war, oder die Sinne, mit denen man die Welt wahrnahm, waren es auch die Gedanken nicht, nicht der Verstand oder die geschulte Weisheit. Das alles war noch Diesseits, gehörte der Welt der Formen an. Aber hinter ihnen, hinter den Sinnen und den Gedanken, das spürte er, war der letzte Sinn verborgen. Beide waren weder zu verachten, noch zu überschätzen. Beide verbargen, wonach er suchte.

Das Meer, wenn es ruhig war, war wie Ewigkeit. Es war immer und überall da. Gleichzeitig. Für das Meer gab es kein Früher und kein Später. Es war immer überall. Immer im Jetzt. Für das Meer hatte Zeit keine Bedeutung. War denn nicht jede Erfahrung, jedes Leid, jede Angst durch Zeit bedingt? Trennte einen nicht immer nur die Zeit von der Ewigkeit? Genauso war alles vergänglich, da es durch die Zeit bedingt war. ‚Alles geht vorbei‘, hatte seine Mutter immer gesagt, und erst jetzt sah er, wie recht sie hatte. Alles war tatsächlich nur eine Frage der Zeit. Alles ging vorüber, jedes Glück und jedes Leid.

An ihrem letzten Abend saßen sie gemeinsam an Deck und betrachteten abermals den klaren Sternenhimmel.

„Was hast du gemacht, bevor du deine Heimat verlassen hast?", fragte Stawros.

„Ich war Ingenieur für Brückenbau", erwiderte Jannis.

„Was war der Sinn dieser Arbeit?", wollte Stawros wissen.

„Nun, ich habe Geld verdient für mich und Brücken gebaut für die Regierung."

„Das war der Zweck deiner Arbeit, aber was war der Sinn?"

Jannis blickte ihn verständnislos an.

„Du musst ein bisschen mit dem Gedanken spielen", fuhr Stawros fort. Jede Tätigkeit birgt eine Lernaufgabe. Wieso hast du gerade Brücken gebaut? Du hast sie ja für die Menschen gebaut, nicht für die Regierung. Welchen Sinn haben Brücken für Menschen? Zwischen wem schlägst du Brücken? Und welche Brücken hast du hinter dir abgebrochen? Welche willst du vielleicht neu bauen, und wohin sollen sie führen?"

„Ich werde darüber nachdenken", meinte Jannis. „Ich bin mir noch nicht klar darüber, wohin mich alles führen wird. Erzähl mir, was du gemacht hast, nachdem du alles verloren hattest. Wieso hast du dich entschieden, dein Leben zu ändern?"

„Wichtig ist, dass ich mich überhaupt entschieden habe."

„Hättest du denn noch so leben können wie vorher?",
fragte Jannis.

„Natürlich. Ich stand vor der Wahl, alles wieder
aufzubauen oder mein Leben zu ändern. Es war eine freie
Entscheidung. Irgendwann wirst auch du dich entscheiden
müssen, wenn du ins ‚normale' Leben zurückkehrst, wenn
der Alltag dich wiederhaben will. Aber es ist gut, dass du
zunächst noch weiter suchst, den eingeschlagenen Weg
weiter verfolgst, bis du genug weißt, um entscheiden zu
können, was du mit deinem Leben anfangen willst."

„Im Moment weiß ich es wirklich nicht", meinte Jannis
nachdenklich.

„Das ist auch gar nicht so einfach und du bist mit dem
Problem nicht allein. Den Menschen ist diese Sicherheit
abhanden gekommen, ganz im Gegensatz zu aller Natur."

„Wie meinst du das?", fragte Jannis.

„Für die Prozesse der Natur ist entschieden. Es denkt. Der
Kirschbaum steht, wo er steht und er gibt Kirschen, nicht
etwa Birnen. Er an-erkennt seine Aufgabe und erfüllt sie.
Der Mensch tut das nicht, er sucht seine Aufgabe. Er hat
sich dem großen Ganzen entzogen und hat sein Ich an
dessen Stelle gesetzt. Nicht ‚Dein Wille geschehe',
sondern ‚Ich will dieses ... und jenes will ich nicht'. Der
Mensch entscheidet für seine Wünsche und modelliert
dadurch sein Schicksal."

„Aber wie findet man denn seine Aufgabe? Früher habe
ich vor vielen kleinen Problemen keine große Aufgabe
gesehen, heute habe ich ein großes Problem."

„In jedem Problem liegt die Aufgabe verborgen. Jedes
Problem enthält eine Chance. Ein Problem fordert dich

dazu auf, dich weiter zu entwickeln. Man soll nicht das Problem aus dem Weg räumen, damit alles wieder so ist wie vorher, sondern man soll sich von dem vorigen Zustand lösen. Die Lösung liegt eben in der Lösung, nicht im Rückschritt. Du musst weiter gehen. Sonst geht es dir wie in der Schule: du bleibst sitzen. Nur merkt man das nicht, weil man eben immer weiter jagt, nach Status, Geld und Macht. Und so wird man abhängig von seinen eigenen Wünschen und Begierden und von fremden Erwartungen." Und verschmitzt zwinkernd fügte er hinzu: „Hier sollte man eigentlich innehalten, aber statt dessen hält man außen."

„Ich wusste gar nicht, dass man im Leben auch sitzen bleiben kann", meinte Jannis grinsend.

Stawros musste lachen. „Die Schule ist wirklich nicht der einzige Ort. Aber wir können natürlich auch von Betrieben reden. Du hast mir erzählt, dass du Ingenieur warst. Hattest du in deinem Betrieb eine leitende Aufgabe?"

„Ja", erwiderte Jannis.

„Nun", fuhr Stawros fort, „der Leiter oder der Direktor hat die Aufgabe, zu führen, zu lehren. Nicht umsonst wird er mit einer Leiter verglichen. Die Leiter dient immer bloß einer Richtung, einer Direktion. Sie leitet von unten nach oben, das heißt vom Nicht-Können zum Können, vom Unwissen zum Wissen, vom Schüler zum Meister, von der Finsternis ins Licht, von der Erde zum Himmel. – Denn auf der Erde orientiert man sich immer nach Himmelsrichtungen", fügte er augenzwinkernd hinzu.

Jannis dachte laut nach: „Dann wäre der Anspruch an den Lehrer, dass er den Weg vorher schon gegangen ist."

„Du hast Recht", entgegnete Stawros, „und zwar nicht nur, was sein formales Können anbelangt, sondern vor allem im Reifegrad als Mensch."

„Vermutlich sind wir alle Schüler, die meinen, Lehrer zu sein."

„Du denkst gut", meinte Stawros amüsiert. „Und dadurch verstellen wir uns den Blick auf die wirklichen Lehrer. Aber zurück zu unserem Thema. Was ist deiner Meinung nach das Wesen einer Entscheidung?"

Jannis dachte kurz nach. „Entscheidung hat etwas mit Polarität zu tun. Es ist das Annehmen eines Teils und das Ablehnen seines Gegenteils. Wenn wir jede Entscheidung nicht mit einer Wertung verbinden würden, das eine ist besser als das andere, könnte man sagen, das eine wird zu Gunsten des anderen geopfert. Aber für uns ist das Opfer erst einmal Genuss. Lieber jung als alt, lieber reich als arm, lieber Erfolg als Misserfolg. Wenn ich mich entscheide, hier zu sein, muss ich dort nicht sein. Tue ich jetzt dieses, kann ich jenes lassen."

„Und genau dieses Lassen", fiel Stawros ein, „ist das Schwierige, wenn man nicht einfach schwarz-weiß malen kann, angenehm – unangenehm. Das Lassen ist eine riesige Hürde für viele Entscheidungen. Man möchte einen neuen Raum betreten, ist aber nicht bereit, den alten zu verlassen. Damit entsteht eine hohe psychische Spannung, denn wir sind weder hier noch dort. Weißt du, was der Volksmund sagt? Man soll nicht auf Schwellen stehen. Diese sind zu überschreiten. Der Dazwischenstehende, der Un-entschiedene, oft nach rückwärts Blickende steht immer im Nichts und blockiert sich selbst."

„Ich verstehe, was du meinst", sagte Jannis. „Der Eintritt in einen neuen Raum beinhaltet immer das Verlassen des alten."

„Richtig. Dieser Prozess wiederholt sich unzählige Male. Und allein das Wissen, dass jeder alte Raum einmal neu gewesen ist, und jeder neue einmal alt sein wird, müsste ein verstehendes Lächeln auf unsere Gesichter zaubern. Wie oft haben wir gelitten, am verbissenen Widerstand, am Nein-sagen zu etwas, das schon da war? Aus Angst!"

„Ich habe schon gelernt", unterbrach ihn Jannis, dem sein Gespräch mit Charlie einfiel. „Angst hat man immer davor, etwas zu verlieren oder etwas nicht zu bekommen."

„Stimmt", bestätigte Stawros. „Der neue Raum, den es zu betreten gilt, enthält beides. Das Alte müssen wir verlassen und das Neue gehört uns noch nicht. Wir können die Angst einzig und allein durch Vertrauen ersetzen, dieses aber setzt Wissen voraus."

„Wissen habe ich von diesen Dingen noch viel zu wenig", meinte Jannis. Wieder fiel ihm sein Gespräch mit Charlie ein. „Die Angst deutet auf ein Problem hin und mit diesem ist es wohl wie mit dem Leid. Es entsteht dort, wo eine Situation die momentane psychische Reife eines Menschen übersteigt. Das Problem ist also immer in mir, unsichtbar. Die Situation ist immer als Erkenntnishilfe außen, sichtbar."

Stawros blickte ihn erstaunt an. „Du verstehst schon sehr viel", sagte er und seine lustigen Augen ruhten dabei auf Jannis. „Ein Problem wird immer als Überforderung wahrgenommen, als Unsicherheit, als Leid in irgendeiner Form. Man spürt deutlich seine Grenzen. Angst. Ein Problem, das Leid, die Angst – sie zeigen immer Grenzen auf und werden so zu Wegweisern. Sie sind Aufruf zur Wandlung. Sie sind also kein böser Feind, sondern Hinweis und Chance. Wird ein Problem gelöst, führt dies unvermeidbar zu einem Zuwachs an Reife, einem Weitergehen, einer Grenzerweiterung."

„Kannst du mir an einem Beispiel den Unterschied zwischen einem Problem und einer Situation erklären?", wollte Jannis wissen.

Stawros überlegte kurz. „Nimm an, ein kleines Kind muss in der Schule Multiplikation lernen und hat schreckliche Angst vor dem Abfragen durch den Lehrer. Es geht also heim und lernt die Aufgaben mit den Resultaten auswendig: acht mal neun, sieben mal sechs, drei mal sieben und so weiter. Das Kind hat die Situation zunächst gelöst. Der Lehrer ist aber so gemein und stellt am nächsten Tag Aufgaben aus dem großen Einmaleins. Schon wieder ist die Situation für das Kind Angst einflößend. Es geht hin und lernt die Aufgaben wieder auswendig: siebzehn mal dreizehn, und so weiter. Die Situation ist wieder bewältigt. Der Lehrer ist aber ganz gemein und stellt am nächsten Tag die Aufgabe: fünfhundertdreiundzwanzigtausendsechshundertzwölf mal viertausendsiebenhundertvierunddreißig. Nun wird dem Kind nichts anderes mehr übrig bleiben, als endlich das Problem der Multiplikation zu lösen. Hat es das geschafft, werden alle Situationen, die mit Multiplikation zu tun haben, nie mehr ein Problem sein."

„Das war ein anschauliches Beispiel. Jetzt verstehe ich es noch besser. Das Problem ist immer innen, in mir. Die Situation ist immer außen und zeigt mir mein Problem, und das kann ich niemals im Außen lösen, sondern immer nur in mir."

„Genau", sagte Stawros zufrieden. „Wer die Schuld für ein Problem im Außen sucht, verbaut sich die Möglichkeit, weiter zu gehen, sich weiter zu entwickeln. Er besiegelt damit seinen Stillstand. Dies ist wichtig zu wissen, denn es ist immer möglich, die Schuld für eine Situation im Außen zu finden."

„Eigentlich ist doch alles ganz einfach", warf Jannis ein. „Wenn ich mich entscheide, was ich mit meinem Leben anfange, hängt alles davon ab, was ich will."

„Du sagst es", entgegnete Stawros. „Das ist die alles entscheidende Frage: In wessen Dienst steht mein Wille? Und dieser Wille ist es, der sich bei mir geändert hat. Früher richtete er sich nach der Befriedigung meiner Bedürfnisse und Begierden, nach Vergnügungen. Ich wollte Geltung, Macht, Sex, Anerkennung, Erfolg, mehr und immer mehr. Haben, Hasten, Haften. Im Grunde war ich nicht frei, sondern angekettet, ein Sklave meiner Begierden. Sklaven aber entscheiden nicht. Die Wünsche und Begierden entscheiden. Dann kam der Punkt in meinem Leben, wo ich nach dem Sinn von all dem gefragt habe. Und ich habe all das nicht mehr gewollt."

„Ist der Sinn denn entscheidend für meinen Willen?", wollte Jannis wissen.

„Ein reifer Wille orientiert sich an der Frage nach dem Sinn. Das Problem oder das Leid sind ihm Wegweiser. Ein höheres Wissen als Fachliteratur ist ihm Maßstab und Richtung. Dieses Wissen gilt es zu finden. Wenn du ein Fragender und Suchender bist, wirst du bemerken, dass es nicht allein in Büchern wohnt, sondern dass es in verborgenem Glanz unseren Alltag durchzieht."

„Wenn ich alles richtig verstanden habe", unterbrach ihn Jannis, „setzt eine Entscheidung meine innere Freiheit voraus. Freiheit von meinen Wünschen und Begierden. Dazu muss ich den Willen haben, meine Entscheidung nach höheren Zielen auszurichten. – Dann kann es doch nie falsche Entscheidungen geben?!"

„Du hast Recht", erwiderte Stawros strahlend. „Eine echte Entscheidung wird immer deinen Bewusstseinsstand spiegeln und ist deshalb die für dich richtige. Sie wird dich wiederum in Situationen führen, in denen du lernen und reifen kannst. Wichtig ist, dass man sich entscheidet. Je mehr du mit dem höheren Wissen, wie es zum Beispiel in heiligen Lehren zu finden ist, in Berührung kommst, desto größer wird dein Vertrauen sein, und je mehr du reifst, um so klarer wirst du entscheiden können. Dann findest du zu der inneren Ruhe, die sich vom hektischen Wirbel der Außenwelt nicht mehr beeindrucken lässt. Mein inneres Leben ist als Fischer sehr viel reicher, als es als Geschäftsmann jemals hätte sein können."

„Vielleicht ist es aber nicht für jeden Menschen die richtige Entscheidung, Fischer zu werden."

„Gewiss nicht. Du hast wieder Recht. Es geht nicht darum, was ich mache, sondern wie ich es mache. Wer sein Leben lang sein ganzes Handeln und Denken nach dem Göttlichen ausrichtet, der kann auch Geschäftsmann sein. Aber ihm wird eben nicht mehr der Wunsch nach Geld und Macht der Führer sein. Jeder muss seinen eigenen Weg finden. Du bist dabei, die Schwelle zu überschreiten und jene Reise auf dich zu nehmen, deren Sinn das Streben nach wahrem Menschsein ist. Habe Mut und gehe deinen Weg."

Stawros erhob sich, klopfte Jannis auf die Schulter und ging in Richtung Bug. Jannis sah ihm nach, wie er sich entfernte. Er ging so aufrecht und sicher, wie sein ganzes Wesen war. „Beneidenswert", dachte Jannis, „wer seinen Weg gefunden hat und sich so klar über sein Ziel ist".

Lange noch saß er allein auf Deck, schaute in den Sternenhimmel und lauschte dem Meer, das an klaren Tagen ein Spiegel des Himmels war und das Licht verstärkt auf die Menschen warf, das die Luft so salzig würzte und mit seinen Stimmen aus Tiefe und Weite den Raum erfüllte. So ganz versunken in die Geräusche des Meeres, vermeinte er plötzlich, seine Laute unterscheiden zu können. Es waren Stimmen, viele Stimmen. Er lauschte genauer, angestrengter. Kinderstimmen drangen an sein Ohr und eine liebe, lang vermisste Stimme: Elli, und seine Kinder. Die Sehnsucht übermannte ihn und gab den Ohren Augen. Szenen des Glücks liefen vor seinem inneren Auge ab. Jedem einzelnen war er in seiner Vorstellung ganz nah. Jeden einzelnen vermeinte er zu spüren, an sich zu drücken. Er konnte nicht nur ihre Stimmen hören, er erkannte ihren ganz eigenen Geruch, sah ihre Augen liebevoll auf sich gerichtet. Tränen liefen über sein Gesicht, von denen er nichts wusste. Alle vier wollte er gleichzeitig umarmen, ganz nah bei sich haben, aber es war unmöglich. Und immer wieder griff er nach einem von ihnen. Liebevoll sahen sie ihn an.

Er wandte sich Marie zu, deren Augen er nun schon in einigen anderen Menschen gesehen hatte, und mit einem Mal wusste Jannis, was diese Vision bedeutete. Jetzt beugte er sich zu Philipp, dann zu Jean und zuletzt zu Elli. Es brauchte keine Worte zwischen ihnen. Er musste und wollte sich verabschieden, und sie wussten es auch. Alle

Liebe und Hingabe, deren er fähig war, verströmte er in diesen Augenblicken, und er spürte, wie genau so viel, ja mehr Liebe zu ihm zurückfloss. Gern hätte er sein Leben gegeben, damit sie leben könnten, er wäre zu jedem Opfer bereit gewesen.

„Ich habe einen Weg gefunden und ich werde ihn gehen", dachte er und zweifelte keinen Augenblick daran, dass sie ihn verstanden. Langsam entfernten sie sich, die Bilder wurden undeutlich und Jannis ließ sie los. Auch sie hatten einen Weg zu gehen, von dem er nichts wusste. Ihm war nur klar, dass es wichtig für alle war, dass er sie losließ. Ein Gefühl großer Verbundenheit blieb ihm und die Gewissheit, dass diese Verbundenheit bleiben würde. Aber auch eine bisher unbekannte Kraft war in ihm. Er konnte sie gehen lassen und er konnte selbst weiter gehen. Jannis war wieder im Hier und Jetzt, in der Wirklichkeit, die die meisten Menschen für die einzige hielten. Das Meer hatte die Stimmen wieder verschluckt und schlug leicht seine Wellen gegen die Schiffswand. Er blieb noch mit geschlossenen Augen sitzen. Zu tief war er beeindruckt von dem eben Erlebten. Zugleich begann sich in ihm ein Staunen zu regen, und voller Dankbarkeit dachte er an die Menschen, die ihn zu diesem Punkt geleitet und geführt hatten. Was mochte er auf seiner Reise wohl noch erleben?

Irgendwann schlief er ein. Er spürte nicht mehr, wie Stawros eine Decke über ihn ausbreitete.

*

Am nächsten Tag steuerten sie Zypern an. Stawros musste ihren Fang verkaufen, und Jannis wollte eine Fähre suchen, die ihn nach Israel bringen würde. Er lehnte eine Beteiligung an ihrem Fang ab. Er wollte kein Geld von Stawros. „Menschen wie du haben mir in so kurzer Zeit schon zu viel gegeben, als dass ich es mit Geld ausgleichen könnte. Ich habe genug von meiner Versicherung und ich brauche wenig. Ich danke dir, dass ich bei dir arbeiten durfte und für die Zeit, die du mit mir verbracht hast."

Die beiden Männer umarmten sich wie Freunde. Aber auch das musste nicht gesagt werden, dass sie eine Verbundenheit fühlten, die nicht von der Zeit verwischt werden würde.

„Hier", sagte Stawros, „ich gebe dir ein kleines Büchlein mit, das ich einst von einem geheimnisvollen Mann in Delphi bekam." Er lächelte Jannis verschmitzt zu, dessen Augen sich vor Erstaunen weiteten.

„Und ein Rätsel", fuhr Stawros fort, „wie man es bekommt, wenn man das Orakel befragt: Was ist heilig? Woraus besteht der Geist? Wofür lohnt es sich zu leben? Wofür lohnt es sich zu sterben? Versuche die Antwort zu finden, sie wird die Antwort auf viele deiner Fragen sein."

Ein letztes Mal schauten sich die beiden Männer an. Dann drehte sich Stawros um und bewegte sich auf das kleine Gebäude des Hafenmeisters zu. Jannis schaute ihm nach, bis er darin verschwunden war. Schließlich wandte auch er sich um und ging zu dem Teil des Hafens, wo die Fährschiffe angelegt hatten.

Die göttlichen Prinzipien

Die Überfahrt nach Israel verlief ruhig. Jannis hatte sich wieder einen verlassenen Platz auf dem Oberdeck gesucht und schaute auf das Meer, das er so zu schätzen gelernt hatte. Dabei dachte er an die vier Fragen des Rätsels, das Stawros ihm aufgegeben hatte. Er suchte in seinem Rucksack nach etwas Essbarem, als sein Blick auf das kleine Büchlein fiel, welches John ihm in Delphi gegeben hatte. Er schlug es auf. Augenscheinlich war es irgendwo abgetrennt worden und ein Teil einer größeren Arbeit. Es hatte auf der letzten der wenigen Seiten Anmerkungen, die auf das Folgende verweisen sollten, und es begann so, als ob vorher schon etwas erklärt worden wäre. Alles war mit Hand geschrieben, eine schöne, aber schnörkellose Schrift, und erstaunlicherweise in Englisch.

Jannis begann zu lesen: „Es gibt noch andere Einblicke in das göttliche Geheimnis, die man unter anderem den Mysterienreligionen verdankt. Das Göttliche umfasst drei fundamentale Prinzipien: das ewig-männliche, das ewig-weibliche und das Logosprinzip. Diese Dreiheit existiert in der Einheit des Göttlichen. Hier haben wir einen ersten Hinweis auf die Ebenbildlichkeit von Gott und Mensch, nicht nur, weil der Mensch als Mann und Frau existiert, sondern auch, weil jeder einzelne Mensch in sich (in seiner Psyche) beide Elemente vereinigt.

Das Ewig-Männliche stellt das aktive, bewegte, gebende, intellektuelle, logische, geistige, bewusste göttliche Prinzip dar, das Ewig-Weibliche das passive, empfangende, ruhende, trieb- oder instinkthafte, emotionale, unbewusste Prinzip.

Die Religionen geben noch Zeugnis davon. In Indien erhalten die beiden Prinzipien göttliche Gestalten. Das höchste Wesen, Brahma, bekommt eine göttliche Gefährtin, die Schakti (die göttliche Kraft oder Energie). Im Bhaktizweig des Hinduismus, in dem Krishna als das höchste Wesen verehrt wird, vertritt seine Gefährtin Rhada das weibliche Prinzip und vereint sich immer wieder mit Krishna. Dabei ist es wichtig, dass das höchste Wesen eigentlich nicht mehr Krishna allein ist, sondern ein Paar von zwei gleichwertigen göttlichen Personen, Krishna-Rhada oder Rhada-Krishna. Das höchste Wesen wird ausdrücklich als Paar angebetet und verehrt. Wir haben also schon eine Zweiheit in der Einheit.

Buddha sagte dazu: ‚Brahma – diese Bezeichnung ihr Mönche, kommt Vater und Mutter zu.' In der jüdischen Mystik sehen wir dieses Phänomen, wo Gott (Jahwe) als seine Gemahlin die Schechina zur Seite gestellt wird. Und in der Lehre der Kabbala von den göttlichen Kräften, den Sephiroten, steht der Dualismus Chocmah – Binah für die zwei göttlichen Prinzipien. Im fernen Osten, im Taoismus kennt man den Dualismus von Yin und Yang, und in unseren griechischen Mysterien wissen wir von Isis und Osiris. Vielleicht ist in der katholischen Kirche die Marienverehrung an die Stelle der fehlenden Verehrung des weiblichen Prinzips getreten. Auch im Islam ist diese Dualität schwer auszumachen, aber sie erscheint um so deutlicher in der islamischen Mystik, wenn ein Sufi Zeugnis ablegt: ‚Du (Gott) Vater, Mutter – Verwandte hab ich außer dir nie gesehen!'

Das dritte göttliche Prinzip bezeichnen wir mit dem Begriff ‚Logos‘. Es bedeutet ursprünglich ‚Wort‘, dann aber auch ‚Vernunft‘ oder ‚Lehre‘ und ‚Sinn‘. In der Philosophie und der Theologie der Stoiker bekam der Begriff die Bedeutung ‚Weltvernunft‘, eine Kraft, die die Gesetzmäßigkeiten des Universums beherrscht. Allerdings wurde der Logos auch schon in der Stoa als göttliche Person aufgefasst, als Vermittler zwischen Gott und Welt.

Wer müsste da nicht sofort an Christus denken? Im Urchristentum erscheint der Logos als Sohn Gottes, der in der Person Jesu Christi als Mensch erschien. Er erfüllte damit seine irdische „Funktion" als lebendiges Wort (Logos) Gottes und seine Aufgabe war es, die Wahrheit zu verkünden, Vermittler zwischen Gott und der Welt zu sein, bzw. Versöhner (Sohn – Versöhner) und Erlöser des Menschengeschlechts zu sein.

Im Johannes-Evangelium ist es nachzulesen: ‚Im Anfang war das Wort, und das Wort war bei Gott, und Gott war das Wort. Dasselbe war im Anfang bei Gott. Alle Dinge sind durch dasselbe gemacht, und ohne dasselbe ist nichts gemacht, was gemacht ist.‘ Hier kommt schon zum Ausdruck, dass der Logos alle Dinge macht. Auch im Taoismus ist die Dreiheit der göttlichen Kräfte bekannt. Es ist in den Versen des Laotse im ‚Tao te king‘ zu lesen:

Das Tao erzeugt die Eins,
Die Eins erzeugt die Zwei,
Die Zwei erzeugt die Drei,
Die Drei erzeugt alle Dinge.

Auch unsere griechischen Philosophen Pythagoras und Platon kannten die heilige Dreiheit. Bei Platon wird sie als die bekannte Trias vom Wahren, Schönen und Guten formuliert: das Wahre als ewig-männliches Prinzip, das Schöne als ewig-weibliches und das Gute als Logosprinzip. Dabei ist die Wechselwirkung innerhalb der Einheit dieser Trias von großer Bedeutung. Die Wahrheit ist auch das unbedingt Schöne und Gute, das Schöne ist immer wahrhaftig und gut, und das Gute ist immer die Wahrheit und die Schönheit. So gesehen sind die drei Prinzipien wahrlich göttlicher Natur."

Hier war die Seite zerrissen. Jannis konnte nur noch die Überschrift des anscheinend folgenden Kapitels lesen: „Das göttliche Gesetz".

Er schlug das Büchlein zu und gab sich wieder seinen Gedanken hin. Wieder und wieder aber schlug er es auf und musste nochmals lesen, um alles zu verstehen...

* * *

Weihnachten

Die Fähre legte in Jaffa an. Von hier war Jerusalem leicht mit einem Bus zu erreichen. Kaum war er dort angekommen, suchte sich Jannis eine billige Unterkunft und erkundete anschließend die Stadt. Neben der Universität, dem Israel-Museum und der Knesset, dem israelischen Parlament, interessierten ihn vor allem die religiös-historischen Orte.

Für drei große Religionen war Jerusalem eine heilige Stadt. Er besuchte die Klagemauer der Juden, die Reste des Salomonischen Tempels, die El-Aksa-Moschee der Moslems, von deren Platz der Legende nach Mohammed von seinem Pferd Burak in den Himmel getragen wurde, die Grabeskirche und den Garten Gethsemane, in dem Jesus mit dem Todesengel rang. Er schlenderte durch die Altstadt, durch den Basar, diesen Schmelztiegel, der ein politisches Pulverfass darstellte. Die Soldaten, die auf den Dächern der Altstadt patrouillierten, zeugten davon.

Am zweiten Tag führte ihn sein Weg direkt zur Universität. Gegen eine Gebühr wurde es ihm gestattet, die Bibliothek zu benutzen. Er musste lediglich seinen Ausweis hinterlegen und wurde nach Waffen durchsucht. Jannis hatte großen Nachholbedarf. Tagelang arbeitete er sich durch theologische Bücher der drei großen Religionen, um wenigstens die historischen Ereignisse einigermaßen zu kennen und ein bisschen von der Lehre zu verstehen. Abends streifte er weiterhin durch die Stadt, machte ein paar Bekanntschaften, ging essen und blieb ansonsten für sich alleine. Am Ende der zweiten Woche gesellte sich unvermittelt ein Mann mittleren Alters zu ihm. Er schien zur Universität zu gehören. „Darf ich mich vorstellen? Mein Name ist Rosenberg. Ich bin Dozent an dieser Universität. Einen so eifrigen Gaststudenten haben wir hier noch nie gesehen."

Jannis musterte sein Gegenüber. Er hatte ein freundliches, offenes Gesicht und erwartete offensichtlich eine Antwort.

„Ich habe einen großen Nachholbedarf."

„Sie studieren mit einer so großen Ernsthaftigkeit, als ob Sie etwas Bestimmtes suchen."

Jannis überlegte ein paar Augenblicke, ehe er antwortete. „Die Wahrheit", sagte er schließlich.

„Dann sind Sie in der richtigen Stadt, um die Suche zu beginnen", meinte der andere mit einem Anflug von Enthusiasmus.

Als Jannis ihn fragend ansah, fuhr er fort: „Diese Stadt wird von drei Weltreligionen als heilige Stadt betrachtet und für sich beansprucht. Im Herzen aller Religionen aber liegt die Gewissheit, dass es eine Wahrheit gibt, und dieses Leben ist eine geheiligte Möglichkeit, sich zu entwickeln und diese Wahrheit zu erkennen und zu erfahren."

„Das heißt wohl", warf Jannis ein, „dass ich sie in Büchern nicht finden werde."

Der andere blickte erstaunt auf. „Sie wissen es schon", nickte er.

„Wo muss ich also suchen?", fragte Jannis.

Rosenberg musterte Jannis sehr aufmerksam. Hier war jemand, so schien ihm, der wirklich wissen wollte und nicht nur das Bedürfnis hatte, mit der geschliffenen

Klugheit des Verstandes zu theoretisieren. Hier war jemand, der mehr wollte, als ein Gedankenkonstrukt, ein hübsches System theologischer Gedanken, die einem das Leben nicht erklären konnten. Hier war jemand, der eine Wahrheit suchte, die im Feuer des Lebens und des Todes nicht schmelzen würde, jemand, den nichts anderes mehr interessierte. Rosenberg seufzte. „Ich sag Ihnen, wo sie suchen müssen. Lassen Sie mich ein wenig ausholen. Die griechische Mythologie erzählt uns, dass Osiris die Toten über den Fluss ‚Lette‘ gebracht hat. ‚Lette‘ ist griechisch und heißt ‚vergessen‘. Das Gegenteil von Vergessen, das Nicht-Vergessen, die ‚A-letteia‘, heißt wörtlich übersetzt: Wahrheit. So ist die Wahrheit etwas, das der Mensch vergessen hat und dessen er sich wieder erinnern muss. Erinnern – innern – innen.

Auch der tibetische Ausdruck für das Wort ‚Buddhist‘ weist auf dasselbe. Es lautet ‚nangpa‘. Das Wort ‚nang‘ bedeutet ‚innen‘, ‚pa‘ bedeutet ‚jemand‘. Gemeint ist damit jemand, der die Wahrheit innen sucht, jemand mit Ein-sicht. Das Außen bietet für den, der sehen und hören will, jede erdenkliche Hilfe. Die Ein-sicht ist aber nunmal nur innen zu gewinnen.“

„Diese äußeren Hilfen“, erwiderte Jannis, „habe ich in letzter Zeit öfters erfahren. Und ich habe so ein Gefühl, dass sie mich nicht im Stich lassen werden.“

„Waren Sie schon in Bethlehem?“, fragte Rosenberg. „Gehen Sie dorthin, auch wenn es inzwischen ein touristischer Ort ist. Es ist der Ursprung Ihrer Religion – und es ist Weihnachten.“

*

Schon am nächsten Tag fuhr Jannis nach Bethlehem. Es lag nur einen Katzensprung von Jerusalem entfernt. Er hatte überhaupt nicht daran gedacht, dass Weihnachten war. Früher hatte die Vorweihnachtszeit immer eine besondere Atmosphäre gehabt.

Der Touristenstrom war endlos. Mit Reisebussen wurde eine Ladung nach der anderen hergebracht, ausgespuckt und in schier endloser Schlange an der heiligen Stätte vorbeigeschleust. Jannis nahm an der Weihnachtsfeier teil. Hier in Bethlehem war es schon ein besonderes Gefühl, die Feierlichkeit der Zeremonien mitzuerleben, sich von ihr ergreifen zu lassen.

Die Kinder hatten ihn regelmäßig mitzureißen vermocht in ihrer Vorfreude, und das erinnerte ihn an seine eigene Kindheit. Damals war das Weihnachtsfest immer erfüllt von etwas Wunderbarem und Geheimnisvollem. Diese Atmosphäre, die sich mit keiner anderen vergleichen ließ. Als Erwachsener hatte er dieses Gefühl nicht wiedergefunden, aber er genoss die zauberhafte und erfüllte, zarte, zerbrechliche Freude der Kinder. Über das Weihnachtsgeschehen an sich hatte er sich schon lange keine Gedanken mehr gemacht.

Die Geburtsstätte zu finden, war nicht schwierig. Er lief einfach im Strom der Menschen mit, die alle dieselbe Richtung hatten.

Dann sah er die Weihnachtsgeschichte, diese altvertrauten Bilder, und fragte sich, was er damit noch anfangen könne. Hatte ihm diese Geschichte noch etwas zu sagen? Hatte sich wirklich damals alles so zugetragen? Und was könnte es für ihn, Jannis, heute noch bedeuten? So mit seinen

Gedanken beschäftigt drangen Sätze an sein Ohr, die sich auf das zu beziehen schienen, was er soeben gedacht hatte.

„Die religiöse Botschaft ist in Bildern ausgedrückt und will nicht nur historische Ereignisse darstellen, sondern vor allem will sie Wahrheit verkünden, die Wirklichkeit, die jenseits all dessen ist, was unsere Sinne uns vermitteln. Die Bilder und Symbole drücken zeitlose Muster aus, die uns deshalb berühren können, weil sie eben zeitlos sind."

Mit diesem Satz war Jannis' Aufmerksamkeit geweckt. Er blickte in die Richtung, in der er den Sprecher vermutete. Ein weißhaariger Mann in einem ebenso weißen Talar (oder war es eine Kutte?) war auf das Podium schräg über dem Altar gestiegen und sprach zur Menge, die ihm gebannt lauschte. Er hatte eine charismatische Ausstrahlung, ‒ war aber nicht auf Wirkung bedacht, sondern in seinem ganzen Gebaren angenehm schlicht. Alle Augen waren ihm zugewandt und hingen an seinen Lippen. Er sprach mit Akzent, aber in klarem Englisch.

„Angelus Silesius, ein Mystiker, sagt:

Wäre Christus tausendmal in Bethlehem geboren
und nicht in dir, du bliebst doch ewiglich verloren!

Auch in dem Krippenspiel, das wir gerade gesehen haben, hieß es: ‚Heute ist euch der Heiland geboren', nicht damals, vor zweitausend Jahren. Es kommt nicht darauf an, das historische Geschehen als Tatsache zu beweisen, ich finde es wichtiger, die zeitlose Wahrheit und Botschaft herauszuholen, denn das Leben Jesu ist eine Verdichtung des ewig gültigen Heilsweges.

Betrachten wir einmal das Geschehen unter dem kosmischen Aspekt. Die Weihnachtsfeier findet nicht irgendwann statt und auch nicht zufällig zu diesem Zeitpunkt, sondern es ist ein Zeitpunkt, an dem schon immer in religiösen Kulturen gefeiert wurde. In der Mythologie wurden Gottessöhne schon immer mit der Sonne identifiziert. Die Sonne ist das Symbol für Gottheit, das, was Licht und Leben spendet, das, wovon wir alle leben. Wenn wir Weihnachten feiern, so haben wir jenen Zeitpunkt erreicht, an dem die Nacht am längsten geworden ist und der Tag am kürzesten. Wenn nun die Sonne das Licht, das Göttliche, symbolisiert, dann kann man sagen, dass an diesem Tag die dunklen Kräfte, die Finsternis, die Oberhand gewonnen haben.

Im Jahreslauf ist der Herbst die Phase des Absterbens des Lichtes. Das Leben in der Natur zieht sich zurück. In diesem Zeitraum feiern wir unsere Totenfeste. Der Höhepunkt dieses Prozesses, man könnte auch sagen, der Tiefpunkt der Phase des Absterbens des Lichtes, ist heute. Jetzt geschieht die Wandlung. Nun beginnt das Licht wieder zu wachsen, und wir feiern den Sieg des Lichtes in der dunkelsten Nacht, der Einweihungsnacht, der Weihnacht."

Jannis kam ein Gedanke, aber bevor er ihn formulieren konnte, hörte er den Mann neben sich zu seiner Nachbarin gewandt einwenden:

„Aber in Australien oder in Neuseeland ist jetzt Sommer und nicht der kürzeste, sondern der längste Tag, und die feiern auch Weihnachten." Die geflüsterte Antwort kam prompt: „Es ist so, dass das kosmische Geschehen das transzendente, das göttliche, symbolisiert. Die Kirche hat nicht zufällig das Weihnachtsfest auf diesen Tag gelegt. Schon die Kelten haben diesen Tag mit dem Jul-Fest gefeiert, dem Lichtfest. Es bleibt davon unberührt, dass in

Ländern der südlichen Hemisphäre Weihnachten im Sommer gefeiert wird. Die europäischen Einwanderer haben das Christentum in diese Länder gebracht und einfach das Datum des Weihnachtsfestes übernommen. Mythologisch richtig wäre es, wenn sie das Fest in ihrem Winter, also um den einundzwanzigsten Juni feiern würden."

Jannis wandte seine Aufmerksamkeit wieder dem Redner zu. „Wenn wir das Geschehen auf der mythologischen und psychologischen Ebene betrachten, wird es in uns hinein verlegt und bezieht sich auf das Hier und Jetzt. Weihnachten ist etwas, das alle Jahre wieder in uns stattfinden muss, nämlich die Geburt des Lichts. Das kann erst geschehen, wenn es außen dunkel geworden ist, also wenn die Äußerlichkeiten ihren Reiz verloren haben, schal geworden sind, wenn die Außenwelt für das Empfinden öde und leer geworden ist.

Der Sommer, wenn die Natur in ihrer prallen Fülle ist, ist im übertragenen Sinn die Zeit, wenn der Mensch auf der Höhe seiner eigenen Kraft steht, sich im eigenen Erfolg sonnt, und das ist die ungeeignete Zeit, das innere Licht zur Welt zu bringen. Der Mensch hat dann die Grundhaltung: ‚Ich kann alles aus eigener Kraft schaffen, ich brauche nichts und niemanden, ich bin stark und mächtig.'

Diese Grundhaltung muss in Frage gestellt, ja erschüttert werden, um ein inneres Erleben möglich zu machen. Und das ist genau das, was mein Ich, mein Ego, erst einmal nicht will. Das Ego will Macht haben – Macht über andere, über sein eigenes Schicksal, über die Welt. Es wird nicht zufällig in religiösen Erzählungen als der falsche König dargestellt und hat immer Angst vor der Geburt des wahren Königs – des Selbst."

„Natürlich", durchfuhr es Jannis. Er erinnerte sich an das, was er über Selbsterkenntnis in Delphi gelernt hatte. Das Ich verhüllt das Selbst, den innersten Wesenskern, der göttlich ist, der göttliche Funke. Hatte man ihn befreit, war vieles erreicht, dann war man der Erlösung näher. Aber was würde das für das Ich bedeuten?

Der Prediger hatte inzwischen weiter geredet und Jannis lauschte wieder. „Solange man noch zu sehr im Außen glänzt, sich im eigenen äußeren Licht sonnt, wird das innere nicht entdeckt werden können, sondern erst, wenn Glanz und Glitzer der Welt verschwinden, wenn der Mensch eine Phase durchläuft, die dem Herbst entspricht, dem Absterben der äußeren Formen. Der Verzicht auf Glanz und Glitzer, diese Abödung des Außen, ist nicht leicht. Aber es ist die Voraussetzung für die Geburt des Lichtes."

„Eigentlich ist das genau meine Situation", dachte Jannis. „Alle Äußerlichkeiten sind für mich bedeutungslos geworden. Und erst, als ich ganz unten war und nur noch Dunkelheit um mich herum fühlte und sterben wollte, da begann ein kleines, schwaches Licht sich bemerkbar zu machen. Und ich spüre, wie es wächst."

Wieder wandte er seine Aufmerksamkeit dem Redner zu. „Die Weihnachtsgeschichte spielt sich in Bethlehem ab – wörtlich übersetzt: Haus des Brotes. Jesus sagt: ‚Ich bin das Brot des Lebens'. Auch im Abendmahl wird das Brot gebrochen, und es ist sein Leib. Wir finden es im ‚Vater unser', wenn wir beten: ‚Unser tägliches Brot gib uns heute'. Gemeint ist das Heilige, das Licht, die heilige

Lehre, nicht die Nahrung für den Körper, sondern die Nahrung für die Seele. Das Brot ist der symbolische Träger des Lichts, deshalb wird es gebrochen – um den Lichtkeim zu befreien. Das Stück Brot, das ich in der Hand habe. Wo kommt es her? Der Bäcker hat es mit Mehl gebacken. Das Mehl hat der Müller gemahlen aus dem Korn, das er vom Bauern bekam. Der Bauer hat das Korn geerntet, nachdem er es zuvor gesät hatte. Und die Saat, das Samenkorn, ist entstanden durch die Körner, die es vorher gab, bis hin zum allerersten Samenkorn, das es auf dieser Erde gab. Mein Stück Brot steht also in direkter Verbindung mit diesem allerersten Samenkorn. Und kein Labor der Welt ist in der Lage, es künstlich herzustellen. Es ist uns geschenkt. Wer könnte das Stück Brot da noch achtlos auf die Straße werfen? Bethlehem ist die Stätte des Brotes, des Lichts. Es ist der äußere Ort, an dem die Geburt dieses Lichts stattfinden soll.

Wir wissen aus der Geschichte, dass es schwierig war, eine Herberge zu finden für diese Geburt. Die Herbergen der Welt waren besetzt, es war kein Platz darin. Das ist ein schönes Bild für die Grundsituation unseres Innenlebens, in dem immer kein Platz ist für das Selbst, weil unser Ich, unser Ego, noch so viele Wünsche hat, so viele Gäste hat, dass das Wichtigste nie Platz findet, immer vernachlässigt wird.

Der Weihnachtsgeschichte nach muss die Geburt dann in einem Stall stattfinden. Hier in Bethlehem ist die Geburtsstätte eine Höhle, wieder ein Symbol für die Dunkelheit, die Finsternis. Der Stall ist eine verfallene Behausung. Er bietet keinen Schutz, man ist Wind und Kälte ausgeliefert und auch der Dunkelheit. Es bildet keine Grenze, wie ein stabiles Haus, die unser Ich von allem anderen trennt. Und nur ohne diese Grenze ist man aufnahmebereit für ein göttliches Erleben.

Geboren wurde Jesus von der Jungfrau Maria. Eine Aussage, an der sich die Geister scheiden. Wenn wir aber bedenken, dass Jesus als der Repräsentant des göttlichen Lichts in uns geboren werden soll, wie Angelus Silesius sagt, dann ist der biologische Aspekt nicht so wichtig. Viel wichtiger ist der Aspekt der Jungfräulichkeit der Seele, des Unbeflecktseins und der Reinheit der Seele. Die reine Seele ist fähig, Gefäß für das Licht zu werden, das das Christkind repräsentiert. Bei uns ist die Seele verhüllt durch das Ich, das nicht rein ist, und muss befreit werden.

Die innere Haltung, die diesen Prozess ermöglicht und fördert, ist die Liebe – die selbstlose Liebe, oder richtiger gesagt: die ich-lose Liebe. Auch deshalb wird Weihnachten das Fest der Liebe genannt. Eine weitere Voraussetzung ist die Bereitschaft einverstanden zu sein, das heißt, sich dem Himmel zu öffnen. Wir haben es vorhin im Krippenspiel gesehen, als Maria zu dem Engel, der ihr die Geburt verkündet, sagte: ‚Siehe, ich bin des Herrn Magd. Mir geschehe wie Du gesagt hast.'

Nur mit dieser Einstellung kann etwas in uns geschehen. Unser Widerstand hindert uns jedoch meistens daran: ‚Ja, aber..., das bezweifle ich..., das glaube ich nicht..., was bringt das...?' Zumindest in der Kirche sagen wir jedoch: ‚Dein Wille geschehe'. Dieses Öffnen nach oben, dieses Ein-verstandensein heißt, meinen Willen mit Gottes Willen zu einen: ‚Ich will, dass dein Wille geschehe.'

Der Mystiker Meister Eckhart sagt: ‚Maria ist gesegnet, nicht weil sie Christus leiblich trug, sondern weil sie ihn geistig gebar. Und hierin vermag ein jeder ihr gleich zu werden.' Das Christuskind ist der Repräsentant des göttliches Lichts in der menschlichen Seele, in Maria. Wir müssen zum Gefäß werden, in dem das Christuskind, das Licht, geboren werden kann. Nicht nur damals, vor zweitausend Jahren, als einmaliges historisches Ereignis, sondern jede Sekunde kann Weihnachten werden – in uns."

Jannis hatte noch nie eine solche Weihnachtsansprache gehört. Tief bewegt rief er sich das Gesagte nochmals in Erinnerung zurück. Er war immer noch an seinem Platz, als die Menge sich schon längst verlaufen hatte. Da gewahrte er den Redner in einer der seitlichen Bänke in stillem Gebet versunken. Behutsam, jeden unnötigen Laut vermeidend, näherte er sich ihm und wartete still. Nach einer Weile stand der Priester auf und nahm überrascht wahr, dass da jemand auf ihn gewartet hatte.

„Kann ich etwas für Sie tun?", fragte er.

Wieder sah Jannis in ein Gesicht, das eine Mischung aus ruhiger Gelassenheit und Offenheit ausstrahlte. Das Charismatische seiner ganzen Erscheinung war aus der Nähe noch deutlicher spürbar. Dieser Mann hatte die Gabe, andere zu begeistern, mitzureißen.

„Ich habe Ihnen zugehört", begann er, „und ich hatte einfach das Bedürfnis, noch ein paar Worte mit Ihnen zu reden. Was Sie gesagt haben, hat mich wirklich bewegt. Ich glaube, ich bin in einer Lebensphase, die Sie vorhin so treffend mit dem Wort Herbst bezeichnet haben. Vielleicht ist es sogar eher schon Winter."

Der Priester nickte ihm aufmunternd zu, und Jannis schilderte in kurzen Worten seine Situation. Nach einer Weile antwortete er:

„Es ist das, was auch das Volk Israel mitgemacht hat, als es aus Ägypten auszog, um in das gelobte Land zu ziehen. Die gewohnte Welt muss verlassen werden, um das Ziel zu erreichen. Dazwischen findet eine Wüstenwanderung statt. Man hat das Alte schon verlassen, aber das Ziel ist noch nicht erreicht, und die äußere Welt ist öde und leer. Das ist der Herbst oder eben der 1. Advent. Und immer sehnt man sich zurück zu den Fleischtöpfen in Ägypten und weiß doch: Es geht nicht mehr. Und jeden Tag muss man sich neu entscheiden weiter zu gehen.“

„Genau das, wovon Stawros sprach“, dachte Jannis und erinnerte sich an ihr Gespräch über das Wesen der Entscheidung. Zum Priester gewandt sagte er: „Ich spüre, dass ich ein kleines, schwaches Licht in mir entdeckt habe, das ich wohl noch sehr viel hüten und pflegen muss. Ich frage mich bloß, warum das nicht auch früher möglich war, vor meinem Leid.“

„Die Antwort wissen Sie wahrscheinlich selbst“, entgegnete der andere. „Wer die Wüstenwanderung nicht mitgemacht hat, wer nicht in seinem Innern den eigenen Schatten und das Dunkel konfrontiert hat, kann das Licht nicht finden. Denn es wird in der Dunkelheit gefunden – und nur dort. Auch die drei Könige suchten zunächst am falschen Ort und nicht dort, wo es eben kein vernünftiger Mensch vermutet – in der Dunkelheit.“

Jannis nickte versonnen. Dann meinte er: „Obwohl ich fasziniert zugehört hatte, sind mir doch immer wieder Zweifel gekommen, zum Beispiel was den Zeitpunkt des

Weihnachtsfestes anbelangt." Er erzählte dem Priester von der kleinen Belehrung, die sein Nebenmann von dessen Nachbarin erhalten hatte.

Der Priester musste schmunzeln. „Ja, das sind die Einwände der weltgewandten Menschen, die nur die vordergründige Ebene betrachten wollen. Sie selektieren schon beim Zuhören, was ihrer Kritik zum Opfer fallen muss. Es würde mehr bringen, verstehen zu wollen, als kritisieren zu wollen."

„Ich habe in meinem ganzen Leben erst drei Menschen kennengelernt, die richtig zuhören konnten", sagte Jannis, „und das erst, nachdem ich großes Leid erfahren habe. Ich habe ihnen schon viel zu verdanken."

„Wahrhaftig zuhören", fiel der Priester ein, „bedeutet, unsere Konzepte, Vorstellungen, Meinungen und Vorurteile loszulassen, mit denen unsere Köpfe so vollgestopft sind. Die Konzepte, die ja das einzige sind, was zwischen uns und unserem innersten Wesenskern steht und die uns daran hindern, heilige Lehren wirklich zu hören. Wir haben unseren kleinen, begrenzten Verstand auf die oberste Stufe unserer Bewunderung gestellt und sind auf immer mehr Gebieten zu stolzen Experten geworden. Wir verstellen uns den Blick auf die wahrhaft großen Geheimnisse."

„Ist es für eine spirituelle Erkenntnis denn so hinderlich, ein Experte zu sein ?", wollte Jannis wissen.

Der Priester überlegte nur kurz, bevor er antwortete: „Wenn Ihr Geist leer ist, ist er bereit und offen für alles. Im Anfängergeist ist vieles möglich, im Geist des Experten nur wenig. Wenn wir wirklich mit dem Geist eines Anfängers zu hören beginnen, so frei wie möglich vom Lärm vorgefasster Meinungen, dann ist es möglich, dass wir erreicht werden von der Botschaft der Lehren und dem Sinn des Lebens ein Stück näher kommen." Er machte eine kurze Pause. Dann fuhr er fort: „Es wird auch passieren, dass Sie Ihrer inneren Stimme besser zuhören, dessen leiser Wahrheit Sie nur selten gefolgt sind, wenn Sie mehr und mehr die heiligen Lehren hören. Es ist eine unterscheidende Weisheit, wenn Sie diese leise Stimme Ihres Selbst trotz der lauten und verführerischen Stimme Ihres Ichs erkennen."

Jannis erinnerte sich an das Gespräch, das er mit John in Delphi über das Selbst geführt hatte. ‚Das Selbst ruft nach dem Ich‘, hatte dieser gesagt. Und hier hörte er dasselbe wieder.

Der Priester fuhr fort. „Dann haben Sie einen inneren Führer entdeckt, dem Sie sich anvertrauen können, denn er weiß vom heiligen Ziel Ihres Weges, weil er selbst dieses Ziel ist. Das Selbst, Ihren innersten Wesenskern, den göttlichen Lichtfunken in Ihnen wirklich zu erreichen, um ihn dann mit dem göttlichen Licht zu verbinden, um eins mit ihm zu werden, ist das Ziel allen Seins. Das bedeutet, das Selbst, das Licht in Ihnen, zu befreien, denn es ist ja in Ihnen gefangen, in der Hülle, die Ihr Ich ist."

Und wieder durchzuckte Jannis jene Frage, die ihm schon während der Predigt durch den Kopf gegangen war. „Was bedeutet das für das Ich?"

Die Antwort kam postwendend, denn der Priester hatte in seinem Redefluss nicht aufgehört: „Und das ist gleichbedeutend mit dem Tod des Ich. Das Ich muss sterben, damit das Selbst befreit werden kann."

Jannis saß da, wie nach dem Hören eines harten Gerichtsurteils. „Es ist so leicht dahingesagt", dachte er, „aber ich kann es mir nicht vorstellen."

Der Priester sah, welche Wirkung seine Worte hinterlassen hatten, und er fügte hinzu: „Vorläufig brauchen wir das Ich natürlich noch, weil es uns ermöglicht, Erfahrungen zu machen. Aber wir sollen es im rechten Bewusstsein brauchen, als Fahrzeug oder als Werkzeug, als Diener, aber niemals als Herr, und mit dem Wissen, dass es eines Tages überflüssig sein wird. Wir werden es freudig ablegen, wie eine Krücke, wenn wir heil geworden sind, wenn wir in unserem Herzen Gott geschaut haben."

„Heil", dachte Jannis, „wie der Heiland. Wie alles zusammenpasst."

„Die Übung, die uns dazu hilft, uns nach und nach vom Ich zu lösen", fuhr der Priester fort, „ist Liebe. Sie ist das göttliche Gesetz."

„Das Büchlein von Stawros", durchfuhr es Jannis. Das war es also, das fehlende Kapitel: Das göttliche Gesetz. Und er erinnerte sich an noch etwas. Aufgeregt berührte er den Priester am Arm.

„Bitte, können Sie mir noch eine Frage beantworten? Eigentlich sind es vier Fragen. Was ist heilig? Woraus besteht der Geist? Wofür lohnt es sich zu leben? Wofür lohnt es sich zu sterben?"

„Das ist einfach, und wahrscheinlich wissen Sie es jetzt schon selber", erwiderte der Priester, dessen Augen jetzt das Strahlen aufwiesen, das Jannis schon so oft das Herz erwärmt hatte.

„Die Liebe."

Die Liebe

Sie trafen sich am frühen Morgen. Der Priester hatte Jannis gefragt, ob er ihn am nächsten Tag begleiten wolle. Er würde Freunde besuchen und ein paar persönliche Dinge erledigen. Sie fuhren mit einem Jeep in die Wüste Juda in Richtung En Gedi am Toten Meer. Die Piste stellte für den Wagen kein großes Problem dar. Bevor sie einstiegen hatten sie erstmal Versäumtes nachgeholt und sich gegenseitig vorgestellt. Benedict war der Name des Priesters.

„Sind Sie ein katholischer Priester?", wollte Jannis wissen.

„Nein", war die Antwort. „Ich gehöre nicht der katholischen Kirche an, sondern einem Orden. Sie werden ihn nicht kennen. Man hatte mich gebeten, diesmal die Weihnachtsansprache zu halten."

Als sie ein paar Minuten gefahren waren, richtete er erneut das Wort an Jannis. „Lassen Sie uns reden, die Landschaft können Sie später noch ausgiebig genießen." Dabei zwinkerte er ihm mit einem verschmitzten Lächeln zu. „Sie wollten etwas über die Liebe wissen. Erzählen Sie mir, was Sie bisher über die Liebe gelernt haben."

„Dazu muss ich eine Weile überlegen", meinte Jannis.

„Lassen Sie sich einfach Zeit und schreiben Sie es auf."

Während Benedict den Jeep durch die Wüste lenkte, war Jannis tief in Gedanken und Erinnerungen versunken und schrieb in den Block, den er aus seinem Rucksack genommen hatte. Nach ungefähr einer Stunde las er

Benedict das Ergebnis vor. „Für mich ist Liebe auf jeden Fall mehr als ein Gefühl, sie ist etwas Dynamisches. Ich glaube, Liebende sollen nicht nur zusammenwachsen, sondern auch zusammen wachsen. Wenn ich liebe, will ich für meinen Partner die Umwelt sein, die er zum Leben braucht, ihm ein Gefährte sein, der jenseits aller Streitfragen des Verstandes in ihm den liebenden Menschen sieht. In seiner Wärme kann ich mich ausruhen, bei ihm muss ich niemals eine Uniform anziehen, ich muss mich nicht entschuldigen, nicht verteidigen, brauche nichts zu beweisen. In diese Liebe kann ich mich fallen lassen und schutzlos sein, das heißt, ohne Schutz vor Leid, aber auch ohne Schutz vor Freude, offen und verletzbar sein, aber auch bereit, die Liebe als Geschenk zu empfangen, mit Lachen und Weinen."

Jannis hielt eine Weile inne. Dann las er weiter. „In gewisser Weise wird jeder Mensch, der einem anderen seine Liebe erklärt, zum Dichter. Vielleicht geschieht das sprachlich unbeholfen, mit Hilfe abgedroschener Phrasen, aber immer in dem Bemühen, sich über die Alltagssprache zu erheben. Wie viele Menschen mögen es sich nicht schon gewünscht haben, wenigstens für ein einziges Mal in ihrem Leben zum Dichter zu werden, um einem geliebten Menschen ihre Liebe mitzuteilen. Denn die nüchterne Alltagssprache reicht nicht aus, um all das zu sagen, was einen liebenden Menschen bewegt.

Ich habe immer das Gefühl, dass auch die besten Einsichten und Weisheiten beim Formulieren und Aussprechen leicht banal werden. Jede wirklich existentielle Einsicht und Erfahrung entzieht sich letztlich dem Verstand. Sie muss gelebt werden, ist Teil des lebendigen Erlebens, wozu nur der Mensch fähig ist, wenn es mit Erkenntnis verbunden ist. Liebe ist Sache der Seele oder des Herzens und entzieht sich letztendlich auch dem Verstand. Da die Sprache das Instrument des Verstandes ist, bleibt es unmöglich, Gefühle der Liebe mitzuteilen, ohne sie durch Formulierungen zu entstellen oder zu verfälschen, sie der Unsicherheit der Übermittlung preiszugeben und auch der Kritik des Verstandes. Sollte ich einem geliebten Menschen sagen, warum ich ihn liebe, könnte ich doch nur meine Vorlieben, die ich an ihm wiederfinde, aufzählen, oder das, was ich bewundere, was mir imponiert, was mir Sicherheit gibt oder Kraft, was mir Herausforderung ist oder Erholung. Nie würde es jedoch die Essenz meiner Liebe berühren, die Sache der Seele ist.

Jeder Streit, jede Trennung, jede Unzufriedenheit ist schließlich Machwerk des Verstandes, der Polarität. Liebe hingegen ist Einheit. Sie ist unerreichbar für die Sprache, mit Worten nicht auszudrücken. Eher schon mit Bildern und Symbolen. Insofern verstehe ich die Kinder immer mehr, die vielleicht doch mehr erfasst haben, als ich ahnte. Marie hat es so gern gesagt: ‚Ich liebe dich bis zum Himmel und zurück.‘

Jannis schaute auf. „Elli hat damals ein Gedicht über unsere Kinder geschrieben. Wollen Sie es hören?"
Benedict nickte kurz. „Natürlich, lesen Sie es vor."

Für meine Kinder

Ihr nehmt so einfach, wie ihr gebt,
weil ihr nicht mit Berechnung lebt.
Ihr sagt noch wirklich, was ihr denkt,
weil ihr Gefühle nicht verrenkt.

Ihr tut wahrhaftig, was ihr sagt,
wenn es auch manchem nicht behagt.
Ihr wollt lachen, weinen, lieben,
wollt kein gemaltes Grinsen schieben,
habt Augen, voll mit prallem Leben,
wollt Fragen stellen, Antwort geben.
Verstellen wollt ihr euch noch nicht
Ihr habt ein richtiges Gesicht.
Euch trage ich in meinen Träumen mit
Ihr haltet leicht mit meinen Wünschen Schritt.
Nein, einfach seid ihr wirklich nicht,
doch – ihr müsst nicht glänzen,
Ihr seid Licht.

Benedict unterbrach das kurze Schweigen, das eingetreten war, als Jannis geendet hatte. „Sie haben sich tiefe Gedanken über die Liebe gemacht, und ich will diese Gedanken nur noch in eine andere Richtung lenken. Sie wollten etwas über das göttliche Gesetz erfahren, das Liebe heißt. Die Liebe ist die eigentliche Essenz des Göttlichen. Sie ist das Wesen Gottes. Sie ist also nicht außerhalb Gottes, sondern innerhalb. Gott ist die Liebe, und die Liebe ist Gott. Die Folge davon ist: Ohne Gott gibt es keine Liebe, und ohne die Liebe gäbe es das höchste Wesen, Gott, nicht. Man könnte es so ausdrücken: Sein – Wissen – Glückseligkeit sind die spirituelle Hülle der göttlichen Gestalt. Können Sie damit etwas anfangen?"

„Ja", erwiderte Jannis, „das habe ich inzwischen gelernt."

„Die Liebe", fuhr Benedict fort, „ist das spirituelle Herz oder die Seele Gottes. Ohne die Liebe gäbe es weder Sein noch Wissen noch Glückseligkeit. Das höchste Sein ist das Sein in der Liebe. Das absolute Wissen ist das Wissen aus

Liebe. Die vollkommene Glückseligkeit entspringt der Liebe. Im Johannes-Evangelium steht ein wunderbarer Vers darüber: ‚Gott ist die Liebe; und wer in der Liebe bleibt, der bleibt in Gott und Gott in ihm.'

Sie hatten Recht, als Sie sagten, die Liebe sei etwas Dynamisches. Sie ist dynamisch und aktiv, denn das höchste Wesen ist ein wirkender Gott. Während das Absolute zwar die letzte und höchste Wirklichkeit ist, aber unberührt und unberührbar und jenseits aller konkreten Eigenschaften, ist das höchste Wesen der als absolute Liebe wirkende Gott. Und Sie hatten nochmal Recht, als Sie sagten, die Liebe sei Sache der Seele. Dadurch, dass das göttliche Selbst im Innersten des Menschen wohnt, ist jeder Mensch im Wesenskern ein Liebender. Nur hat sich in der Regel sein Ich noch nicht mit dem liebenden Selbst identifiziert. Wenn die Liebe bewusst wird, ist der Mensch vollkommen. Und dazu ist als erstes der Wille nötig. Die meisten Menschen beachten nicht, dass wahre Liebe mit dem Willen beginnt. Sie hatten nämlich ein drittes Mal Recht, als Sie sagten, Liebe ist mehr als ein Gefühl. Zunächst brauche ich den echten Willen, mein Leben nach dem Göttlichen, das ja die Liebe ist, auszurichten. Sie erinnern sich? - Dein Wille geschehe!

In allen Religionen stellt die Liebe, und zwar die allumfassende Liebe, das höchste Gut des Menschen dar auf seinem Weg zum Göttlichen. Indem ich liebe, komme ich Gott näher. Gemeint ist nicht die erotische Liebe, die meine sexuellen Bedürfnisse befriedigt. Auch die eigenen Kinder zu lieben ist relativ einfach, stellen sie doch in der Regel das verlängerte Ich dar, weil ich mich mit ihnen identifiziere. Mit anderen Menschen wird es schon schwieriger, und mit unseren Feinden halten wir es gar für unmöglich. Da bedarf es schon eines echten Willens und einer echten Entscheidung. Wenn die Phase der Verliebtheit bei den Menschen vorbei ist und eine Entscheidung fällig wäre, ‚ich will dich lieben‘, kommt bei vielen statt einer solchen Entscheidung nur eine Scheidung zustande.

Aber sagen Sie mir, welche Einstellung zu den Menschen und allen fühlenden Wesen bleibt mir, wenn ich wirklich weiß, dass in allen dasselbe Selbst ist?"

„Nur die Liebe", sagte Jannis leise vor sich hin.

Nach einem kurzen Moment der Stille begann Benedict erneut: „Man muss nur wirklich verstehen, um lieben zu können. Das können Sie auch daran sehen, dass Sie einen Menschen nicht mehr hassen können, wenn Sie ihn wirklich verstehen, und damit meine ich: erkennen. Ohne Liebe gibt es keine spirituelle Entwicklung, ohne Liebe ist nichts möglich. Die Liebe ist die Erfüllung des göttlichen Gesetzes. Wenn ich alle Geheimnisse wüsste und alle Erkenntnisse und einen Glauben hätte, so dass ich Berge versetzen könnte, und hätte die Liebe nicht, so wäre es nichts."

Inzwischen war es später Nachmittag. Jannis dachte über das Gesagte nach und genoss gleichzeitig die Landschaft. Er war beeindruckt von dieser sandigen, cremefarbigen Weite. Sie erinnerte ihn an das Meer. Auch der Wüste hatte der Wind eine Dünung gegeben. Über ihnen herrschte ein wolkenloser Himmel und eine unvorstellbare Lichtfülle. Die Luft tänzelte glasig flimmernd und formte Zerrbilder über der schattenlosen Ebene, die endlos schien, wie das Meer. Die Sonne senkte sich zum Horizont, hinter dem sie nach und nach verschwand, und verfärbte sich langsam zu einem riesigen orange-roten Feuerball, der alles in ein feierliches Licht tauchte. Das Gelände, durch das sie jetzt fuhren, war bedeckt von dunklen, kieselgroßen Steinen. Größere, glatt polierte Gesteinsschichten schoben sich übereinander. Sie verdeckten die kleine Gruppe von Zelten, so dass sie sie erst sahen, als sie direkt davor bremsten.

Eine Beduinensippe. Jannis war überrascht. „Wir sind da", sagte Benedict. „Man kann nie genau sagen, wo sie sich gerade aufhalten. Ihr Anführer ist ein guter Freund von mir. Er ist ein interessanter Mann. Lassen Sie uns aussteigen und sie begrüßen."

Eine kleine Schar von Kindern hatte den Jeep inzwischen umringt. Sie machten kaum Lärm oder Geschrei, sondern betrachteten mit einer Mischung aus Scheu und Neugier die Neuankömmmlinge. Drei Frauen versuchten vergeblich, die Kinder zurückzurufen, aber auch sie beließen es bei ein paar halblaut gerufenen und offenbar halbherzigen Befehlen. Die Männer blieben am Lagerfeuer sitzen, das sie wohl erst gerade entfacht hatten. Der Platz war umringt von einer Gruppe schmutzig-weißer Zelte. Männer, Frauen und Kinder schauten erwartungsvoll auf Benedict und Jannis. Als sie ans Feuer traten, erhob sich der Älteste und begrüßte Benedict herzlich. Benedict stellte Jannis als einen Freund vor, und auch er wurde willkommen geheißen. Sie setzten sich zu den anderen in den Kreis um das Feuer und aßen miteinander. Es gab so eine Art Eintopf, der feurig scharf war. Jannis hatte keine Ahnung, wie das hieß, aber es schmeckte sehr gut. Dazu bekam jeder ein riesiges Stück Fladenbrot. Nachdem die Männer ihre Neugier befriedigt hatten und die Aufmerksamkeit nicht mehr nur noch

Jannis und Benedict galt, schmatzte und redete alles durcheinander. Überraschenderweise sprach der Anführer englisch. Sein Name war Ibrahim. Er unterhielt sich lange Zeit mit Benedict und bezog Jannis immer wieder in das Gespräch mit ein. Dabei stellte er hier eine Frage und ließ Jannis dort seine Meinung sagen, und langsam hatte Jannis das Gefühl, dass er im Laufe des Abends immer mehr von sich erzählte, so dass Ibrahim sich bald ein Bild von ihm und seiner Situation machen konnte.

Es gab noch einen jungen Mann in der Gruppe, der recht gut englisch sprach. Er suchte bald Jannis' Nähe und wollte viel wissen über dessen Heimat, Amerika, wie die jungen Leute dort lebten, wie sie dachten, wie die Mädchen waren und vieles mehr. Der Junge hieß Ahmed. Jannis erfuhr, dass er einige Jahre in einem englischen Internat zugebracht hatte, nachdem seine Eltern gestorben waren. Nach der Schulzeit hatte er sich zunächst dafür entschieden, wieder bei seiner Sippe zu leben. Von ihm erfuhr Jannis, dass Ibrahim ein weit gereister Mann war. Er war jahrelang in Europa, in Amerika, aber auch im fernen Osten gewesen, bevor er wieder zu seiner Sippe zurückgekehrt war und ihr Anführer wurde. Was er während seiner langen Abwesenheit gemacht hatte, konnte Ahmed nicht sagen. Offensichtlich war, dass Ibrahim großes Ansehen in der Gruppe besaß.

Kurz nach Mitternacht war Jannis müde. Die Frauen und Kinder hatten sich längst schlafen gelegt, und Jannis wurde ein Schlafplatz in einem der Zelte zurechtgemacht. Lange noch hörte er die Stimmen der Männer am Feuer, deren Klang er lauschte, ohne sie zu verstehen. Irgendwann schlief er ein.

Am nächsten Morgen wurde er von der regen Geschäftigkeit, die um ihn herum herrschte, geweckt. Ein richtiges Frühstück gab es nicht. Jeder nahm sich ein Stück Fladenbrot und kaute darauf herum. Benedict war schon auf und begrüßte Jannis lächelnd. „Ich muss weiter nach En-Gedi, zum Kibbuz. Man erwartet mich dort. Ibrahim hat Sie eingeladen, ein paar Tage bei ihnen zu bleiben. Sie brechen hier ihre Zelte ab und ziehen weiter in Richtung Jerusalem. Haben Sie Lust?"

„Das könnte interessant werden", dachte Jannis und freute sich über die Einladung.

Bald darauf verabschiedete sich Benedict und fuhr mit dem Jeep davon. Wieder hatte Jannis das Gefühl, einen Freund zurück zu lassen, aber diesmal fiel ihm der Abschied leichter und war nicht erfüllt von Schwermut. Er begann, sich durch die Begegnungen mit solchen Menschen reicher zu fühlen, und das hinterließ in ihm ein eher erhebendes Gefühl.

Alle Sippenmitglieder halfen, das Hab und Gut auf die Lasttiere zu verteilen, was in erstaunlicher Geschwindigkeit und Ruhe vor sich ging. Bisher hatte Jannis immer geglaubt, alle Aktivitäten von Arabern wären von einem wilden Geschnatter begleitet. Diese Leute aber belehrten ihn eines Besseren. Auffällig war die gute Laune, die als Atmosphäre über der ganzen Szenerie schwebte, und das völlige Fehlen von Hektik oder Stress.

Nach kurzer Zeit waren sie startbereit, und dann zogen sie los. Manche saßen auf Eseln, die meisten gingen zu Fuß. Die Gruppe besaß nur vier Kamele und die wurden ausschließlich von Männern geritten. Ahmed gesellte sich zu Jannis, der von Ibrahim eine traditionelle

Kopfbedeckung erhalten hatte. Er zeigte Jannis, wie man das Tuch um den Kopf legen musste, dass es nicht verrutschte und das Band, eine Art Kordel, darum band. Sie gingen an den Hängen der sandigen Hügel entlang. Gegen Mittag stieg die Hitze und die Luft flimmerte, und bald schon sahen sie Luftspiegelungen, Fata Morganas. Große Seen bildeten sich und verschwanden wieder, wenn sie näher kamen.

Nachdem die Männer mit einzelnen Zeltbahnen Unterstände gebaut hatten, die Schatten spendeten, machten sie eine Rast, um die größte Hitze des Tages abzuwarten. Am Nachmittag durchquerten sie ein ausgetrocknetes Flussbett, ein Wadi. Überall war der Boden aufgebrochen, und die unregelmäßigen Furchen gaben ihm ein bizarres Aussehen. Die einzelnen Erdschollen hatten gezackte Ränder, und in den Furchen sah man weißen Lehm. Die Frauen sammelten etwas davon in Säcke, und Jannis fragte Ahmed, was sie damit machen wollten. Es würde später zu Pulver verarbeitet werden.

Ibrahim kam näher und bedeutete Jannis mitzukommen. Sie stiegen auf die höchste Düne und hielten Ausschau. Ringsum breitete sich eine endlose Leere aus. Das blendende Licht brannte in den Augen, und Jannis musste schützend die Hand davor halten. So weit man sehen konnte, war nur Wüste. Steinige, sandige Leere. Ibrahim deutete in die Richtung, in der Jerusalem lag. Dorthin würden sie ziehen. Sie gesellten sich wieder zur Gruppe, die inzwischen gewartet hatte und auf das Zeichen von Ibrahim den Marsch wieder aufnahm. Jannis blieb mit Ibrahim ein Stück hinter den anderen zurück.

„Wie haltet ihr das nur aus?", wunderte sich Jannis, ohne aber klagen zu wollen. „Diese Hitze und der Sand, der durch die Kleidung dringt, sich mit dem Schweiß vermischt, in Nase, Ohren und Mund kommt, zwischen den Zähnen knirscht und den man ständig mitverschluckt – wenn man überhaupt schlucken kann."

Ibrahim lächelte mild. „Was nützt es zu jammern? Nur ein Narr jammert über Dinge, die er sowieso nicht ändern kann. Bei Dingen, die man ändern kann, ist Jammern auch nicht angebracht. Ein reifer Mensch klagt nicht und kritisiert nie das Schicksal. Er sagt ‚ja' und nimmt es an und arbeitet am Gegebenen. Womit sollte er sonst arbeiten? Es ist ein Zeichen von Reife, nicht gleich alles ändern zu wollen."

Jannis schwieg angesichts dieser Belehrung und stimmte in Gedanken zu. Nach einer Weile begann er erneut. „Ahmed hat mir erzählt, dass du eine Weile in Amerika gelebt hast. Wie fandest du das Leben dort?"

Ibrahim schien die Frage zu amüsieren. „Interessant", erwiderte er lächelnd. „Wie fandest du es?"

Jannis schaute Ibrahim an. Er hatte schneeweiße Haare, genau wie der Schamane in Mexiko. Sein bartloses Gesicht wirkte allerdings jünger, als die Haare einen glauben machen wollten. Um die Augen gruben sich kleine Falten in die Haut, die sich ungeheuer vermehrten, wenn er lachte. Es war unmöglich, sein Alter zu schätzen. „Ich weiß nicht mehr", antwortete Jannis. „Früher dachte ich, dass es der beste und einzige ‚way of life' sei. Das äußere Leben war so abwechslungsreich, dass ich mir um mein Innenleben kaum Gedanken gemacht habe. Seitdem mich das Außen nicht mehr so sehr interessiert, empfinde ich mein damaliges Innenleben als merkwürdig fremd und zerstückelt."

„Wie meinst du das?", wollte Ibrahim wissen.

„Wir haben so viel Übung darin, eifersüchtig zu werden, ängstlich zu sein, geizig, neidisch, missgünstig, raffgierig, ablehnend, oder mit Wut und Ärger auf alles zu reagieren, was uns provoziert. Diese negativen Emotionen entstehen ganz spontan und automatisch. Wir müssen uns nicht einmal darum bemühen. Seit mein Leben so vollständig aus der Bahn geworfen wurde, habe ich immer mehr das Gefühl, dass wir aus so viel verschiedenen Bruchstücken bestehen, dass wir weder wissen, wer wir sind, noch mit welchem unserer Aspekte wir uns identifizieren sollen. So viele widersprüchliche Stimmen und Gefühle sind in uns, dass unser Innenleben in alle Richtungen zerstreut ist. Und so leben wir: zerstreut – in Ablenkungen."

„Jetzt verstehe ich, was du meinst", entgegnete Ibrahim. „Diese Ablenkungen und Zerstreuungen bilden eine ständige Aufregung für die Seele. Alle Emotionen und Gedanken sind zerstreut. Deshalb versuchen die westlichen Menschen ja Dinge wie Autogenes Training oder Meditation. Ich halte den umgekehrten Weg für besser. Wenn man die Aufregung um sich und in sich beruhigen könnte und die tausend verstreuten Gedanken in einen einzigen, tausendfachen, bündeln könnte, dann wäre es möglich, nur für die Dauer eines Lächelns tief in die eigene Seele zu schauen und die göttliche Gegenwart zu erfahren. Danach könnte man nicht anders, als diesen Augenblick an das Leben zu verschenken."

„Was bedeutet das?", fragte Jannis.

„Das Leben würde sich danach ändern, denn man hat dann etwas erfahren, von dem man vorher nicht einmal etwas geahnt hat. Man würde dann dafür leben, wofür einen diese Erfahrung geöffnet hat, und alle Ablenkungen, das lärmende, oberflächliche Leben, wären reizlos. Wenn du solch einen Moment erleben durftest, dann weißt du, was das Wort Dankbarkeit bedeutet. Und Schenken ist die angemessene Reaktion, Dankbarkeit zu zeigen."

„Bei uns muss immer der Beschenkte Dankbarkeit zeigen", meinte Jannis.

„Die Menschen vergessen oft, wie wertvoll es ist, schenken zu können, und wie reich es denjenigen machen kann, der etwas schenkt. Bei uns sagen die Weisen: ‚Nur was du gegeben hast, hat dir wirklich gehört.' Der Idealfall wäre, wenn dein Leben einem Brunnen gleichen würde. Er gibt weiter, was er bekommen hat, und er lebt immer in Fülle. So sollen wir mit allem umgehen, besonders mit allem Wertvollem." Ibrahim machte eine kleine Pause. Dann fragte er unvermittelt: „Was hältst du für wertvoll?"

Jannis überlegte kurz und sagte dann bestimmt: „Die Liebe."

„Die Liebe ist wahrhaftig etwas Wertvolles", erwiderte Ibrahim.

„Ich habe mich mit Benedict über die Liebe unterhalten. Sag mir, was du darüber denkst", forderte Jannis ihn auf.

„Ich will dir sagen, was Khalil Gibran über die Liebe geschrieben hat. Meiner Meinung nach war er einer der bedeutendsten arabischen Denker." Und mit einem listigen

Augenzwinkern fügte er hinzu: „Auch wenn er kein Muslim war, sondern Christ."

Wenn die Liebe dir winkt, folge ihr,
sind ihre Wege auch schwer und steil. Und wenn
ihre Flügel dich umhüllen, gib dich ihr hin,
auch wenn das unterm Gefieder versteckte
Schwert dich verwunden kann.
Und wenn sie zu dir spricht, glaube an sie,
auch wenn ihre Stimme deine Träume
zerschmettern kann
wie der Nordwind den Garten verwüstet.
Denn so wie die Liebe dich krönt, kreuzigt sie
dich.
So wie sie dich wachsen lässt, beschneidet sie
dich.
So wie sie emporsteigt zu deinen Höhen
und die zartesten Zweige liebkost, die in der
Sonne zittern,
steigt sie hinab zu deinen Wurzeln
und erschüttert sie in ihrer Erdgebundenheit.
Wie Korngaben sammelt sie dich um sich.
Sie drischt dich, um dich nackt zu machen.
Sie siebt dich, um dich von deiner Spreu zu
befreien.
Sie mahlt dich, bis du weiß bist.
Sie knetet dich, bis du geschmeidig bist,
und dann weiht sie dich ihrem heiligen Feuer,
damit du heiliges Brot wirst für Gottes heiliges
Mahl.
All dies wird die Liebe mit dir machen, damit du
die Geheimnisse deines Herzens kennenlernst und

in diesem Wissen ein Teil vom Herzen des Lebens
wirst.
Aber wenn du in deiner Angst nur die Ruhe und
die Lust der Liebe suchst, dann ist es besser für
dich, deine Nacktheit zu bedecken
und vom Dreschboden der Liebe zu gehen
in die Welt ohne Jahreszeiten,
wo du lachen wirst, aber nicht dein ganzes
Lachen
und weinen, aber nicht all deine Tränen.
Liebe gibt nichts als sich selbst und nimmt nichts
als sich selbst.
Liebe besitzt nicht, noch lässt sie sich besitzen.
Wenn du liebst, sollst du nicht sagen: ‚Gott ist in
meinem Herzen‘,
sondern: ‚Ich bin in Gottes Herzen.‘[3]

Jannis war tief beeindruckt von der Schönheit der Sprache und der Klarheit der Botschaft. „Die Liebe", dachte er, „scheint mir das Wichtigste zu sein. Die Welt lieben zu können und alle Wesen mit Liebe betrachten zu können, wäre ein wahrhaft großes Ziel."

* * *

---

[3] Aus: „Der Prophet", Walter-Verlag, 1992

Der große Ton

Sie zogen weiter bis zum Abend und suchten sich vor Einbruch der Dämmerung einen geeigneten Platz zum Lagern. Bald waren die Zelte aufgebaut und man saß in der Runde um das Lagerfeuer. Jannis hatte den Männern beim Aufstellen der Zelte geholfen, während die Frauen das Essen zubereiteten. Ahmed gesellte sich zu ihm, und Jannis musste ihm wieder von seinem Leben in Amerika erzählen, was jedesmal schmerzte, weil es in seinen Wunden wühlte.

Plötzlich bemerkten die Männer, dass die Tiere unruhig wurden. Unmerklich war eine leichte Brise entstanden, die jetzt stetig zunahm. Sie fegte noch ganz leicht über den Boden, und der Sand bildete kleine Wirbel, die von dem Wind in die Luft geworfen wurden. Sandsturm. Das Wort war plötzlich in aller Munde. In fieberhafter Eile, aber ohne jede Hektik wurde alles in die Zelte gebracht, die halbwegs geschützt hinter einer Erhebung aus Sand und Gesteinsschichten standen. Jeder Mann, der ein Tier besaß, blieb bei ihm und versorgte es. Die ohnehin flachen Zelte wurden gesichert. Das alles hatte nur Minuten in Anspruch genommen, aber der Sturm war schon da. Der Sand wurde meterhoch aufgewirbelt, und es war unmöglich, noch irgend etwas zu sehen.

Einer der Männer hatte Jannis mit einem knappen Befehl einen Platz in einem der Zelte zugewiesen. Während er sich zu den anderen setzte, pfiff draußen der Sturm und zerrte an den Zeltbahnen. Hier drinnen roch es nach Schweiß und Kameldung.

Die Beduinen waren gelassen. Sie hatten schon viele solcher Sandstürme überstanden, und auch diesmal würden sie einfach nur abwarten und den Sturm über sich ergehen lassen. INCH'ALLAH. Es lag alles in Gottes Hand.

Jannis hatte nichts anderes zu tun als zu warten und mit geschlossenen Augen dem Wind zu lauschen, in dem er die Trauer weinen hörte. Schon einmal hatte er einem anderen Naturelement so gelauscht wie jetzt dem Wind. Damals war es das Meer gewesen, das in seiner tiefen Weisheit mit ihm zu sprechen schien und ihm Bilder zeigte, die seine eigenen waren. Auch der Wind hatte viele Stimmen. Er hatte gar nicht gemerkt, wie Ibrahim sich neben ihn gelegt hatte. Fast war er erschrocken, als er dessen Stimme hörte: „Hörst du das Lied, das der Wind singt?"

„Ich habe das Lied des Meeres gehört, das tief war und weit. Und auch der Wind scheint eins in sich zu tragen."

„Die Welt, das ganze Universum ist Musik", meinte Ibrahim, „und jedes Ding trägt seinen Teil dazu bei. Jede Blumenwiese, der Ozean, die Wüste – alles ist voll Klang. Höre, was der Wind sagt."

„Es sind verschiedene Stimmen", sagte Jannis nach einer Weile. „Vor allem höre ich Heulen, Pfeifen, Jammern, Schreien und Klagen. Das ganze Repertoire des Leidens und des Schmerzes. Es ist, als ob sich Milliarden Wesen wehren würden gegen das Schicksal und unter unsäglichen Qualen sich beugen müssten und bezwungen würden."

„Du hörst gut", meinte Ibrahim. „Höre nochmal, noch genauer. Höre mit dem Herzen."

Jannis lauschte wieder. Er gab sich ganz den Stimmen des Windes hin, ließ sich von ihnen emporheben und wegtragen. Es war, als gäbe es nur noch den Wind um ihn herum, und er hatte das Gefühl, ein Teil von ihm zu sein, dazu zu gehören, eine von den vielen Stimmen zu sein, mit denen der Sturm brüllte. Es waren die Stimmen des Werdens und Vergehens, alle Stimmen der Welt. Er glaubte, Geburten hören zu können, von Menschen, Tieren, allen Wesen, auch Pflanzen und Mineralien, vom ganzen Universum. Er hörte die Schmerzen des Werdens und Wachsens, des Sterbens und Vergehens und des Wiederwerdens. Jedes Wesen hatte seinen eigenen Ton, der ganze Kosmos schwang in Tönen. Und alle Stimmen, alle Töne schwangen zusammen in einem einzigen großen Ton.

Er sagte es Ibrahim, und dessen Gesicht leuchtete. „Das ist der große Ton, der alle Vorstellungen übertrifft. Es ist der Ton, aus dem Gott die Welt geschaffen hat und der am Grunde der Schöpfung weiterklingt und durch alles hindurchtönt."

„Der durch alles hindurchtönt?", wiederholte Jannis versonnen. „Das lateinische Wort für ‚hindurchtönen' ist ‚personare', Person. Eine Person, ein Mensch im eigentlichen Sinne, ist man erst durch den großen Ton. Wo nichts hindurchtönt aus dem Grunde des Seins ist der Mensch höchstens biologisch ein Mensch. Person ist er nicht. Er ist niemand."

Wieder durchzuckte Jannis die Erinnerung an ein früheres Gespräch. Es war mit Charlie, damals in der Hotelbar in Mexiko. Auch damals war dieses Wort gefallen. ‚Niemand' heißt auf französisch ‚personne', fiel ihm ein. Da war es wieder. Er hatte sich damals als ein Niemand

143

gefühlt. Merkwürdig, wie alles zusammenhing. Es fehlte nur die Einsicht, ein Niemand zu sein, bezogen auf den Wesenskern des Menschen. Die Behauptung ‚Ich bin jemand' bezieht sich ja immer nur auf die äußere Hülle. Ein Niemand war man so lange, wie man mit seinem eigenen Ton nicht beitrug zum Lied des großen Ganzen, solange man nicht durchdrungen wurde vom großen göttlichen Ton. Und solange man das nicht tat, spielte man unverdrossen seine Rollen: den Erfolgreichen, den Stolzen, den Verletzten, den Verständnisvollen, den Großzügigen oder den Geizigen, den Mutigen oder den Ängstlichen, den Souveränen und so weiter. Man versteckte sich hinter Masken, oft sein ganzes Leben lang und verbaute sich so die Chance, sich selbst zu begegnen. „Masken", dachte Jannis und musste fast lachen. „Das lateinische Wort für Maske heißt tatsächlich ‚persona'."

Ibrahim unterbrach ihn in seinen Gedanken. „Ich habe gelernt, dass alle Materie aus Schwingungen besteht, und alle Schwingungen können hörbar gemacht werden, sind Töne. So hat die Erde ihren ganz eigenen Ton und alle Planeten, aber auch jedes Elektron im Atom, jede Energie, alles – ist Ton. Im Osten haben sie wunderbare Lehren darüber. Dort sagen die Weisen, dass geschrieben steht:

Die Essenz aller Wesen ist die Erde
Die Essenz der Erde ist das Wasser
Die Essenz des Wassers sind die Pflanzen
Die Essenz der Pflanzen ist der Mensch
Die Essenz des Menschen ist die Rede
Die Essenz der Rede ist heiliges Wissen
Die Essenz des heiligen Wissens sind Wortlaut und Klang
Die Essenz von Wortlaut und Klang ist ‚OM'.

„OM", wiederholte Jannis. „Was genau bedeutet das?"

„Im Osten sagen sie, dass Brahma, das höchste Wesen, die Welt erschafft, indem er ausatmet. Sie dehnt sich dabei so lange aus, bis er wieder einatmet. Er saugt die Welt wieder in sich ein, um sie dann von neuem zu schaffen, und immer wieder, mit jedem Atemzug. Werden und Vergehen. Atem und Stimme des Brahma erzeugen beim Schöpfungsvorgang das heilige ‚OM', den Urton aller Töne, gleichzeitig die Gesamtheit aller Töne. Du wirst bemerken, dass es mit eurem ‚Amen' verwandt ist, das gleichsam eine Art aufgegliedertes ‚OM' ist.

‚Amen' ist hebräisch und heißt: ‚So soll es sein' oder ‚so sei es' oder ‚es werde'. Es ist das Wort, mit dem Gott die Welt geschaffen hat, denn es steht geschrieben: ‚Im Anfang war das Wort, und das Wort war bei Gott, und Gott war das Wort.' Vielleicht war der Ton, aus dem Gott den Menschen schuf, doch nicht der Erdklumpen vom Acker, sondern der hörbare Ton."

Jannis lauschte weiter schweigend dem Wind. Es überraschte ihn nicht mehr, dass sich ihm eine ganz neue Gedankenwelt aufgetan hatte, aber es war immer wieder fremd und zugleich schön. Jedesmal ergriff ihn das Gehörte, und er nahm es in sich auf. Langsam begannen die vielen Bruchstücke ein Muster zu ergeben, konnte er Stein für Stein zusammensetzen, konnte das Bild schon ein bisschen erahnen, dass sich da anbahnte. Eine neue Sicht, ein neues Weltbild, das uralt zu sein schien und für das er offen war und bereit und das seine Fragen zu beantworten schien.

„Woher weißt du das alles?", wollte er von Ibrahim wissen.

„Diese Dinge sind das einzig Wissenswerte. Ich habe mich schon früh für nichts anderes interessiert. In unserem Glauben habe ich die Grundlagen erfahren. Vervollständigt habe ich sie im Osten. Es ist gut, auch andere Lehren zu hören, um dann festzustellen, dass alle Religionen in ihrem Herzen die Wahrheit tragen, ja, dass es letztlich nur eine Religion gibt und in jeder Kultur unterschiedliche Formen und Bilder. Und jeder muss seinen Weg in seiner Kultur finden, aber die Wahrheit ist nur eine."

„Du scheinst sehr belesen zu sein", meinte Jannis.

„Ich habe zwar viel gelesen", gab Ibrahim zu, „aber das wahre Wissen findet man selten in Büchern. Man muss es erfahren, damit man ein Teil dieses Wissens werden kann, oder das Wissen ein Teil von mir wird. Im Osten legt man mehr Wert auf das Hören als auf das Lesen. Belehrungen hört man von einem Wissenden. Wir haben ja gerade über die Bedeutung des Tones gesprochen. Selbst wenn der Verstand nicht alles versteht, gibt es Gesprochenes, das die Macht hat, am Kopf vorbei ins Herz des Menschen zu dringen.

Das Sinnesorgan, das die unmittelbare Beziehung zum Ton hat, ist das Ohr. Unsere Ohren sind geöffnet, noch bevor wir geboren werden. Mit dem Ohr beginnt unser Bewusstsein, wir nehmen die Welt als erstes mit dem Ohr wahr – und auch als letztes. Denn wir hören noch, wenn uns in der Stunde des Todes alle anderen Sinne schon verlassen haben. Die Tibeter glauben, dass man selbst nach dem Tod, in einem Zwischenzustand vor der nächsten Geburt noch durch Hören belehrt wird. Die richtige Übersetzung für das Tibetische Totenbuch lautet nämlich: ‚Große Belehrung durch Hören im Bardo', das heißt im Zwischenzustand. Auch in eurem Glauben wird das Volk Israel von Gott immer wieder belehrt, indem es hört. Und die Belehrung beginnt mit einem: ‚Höre Israel‘."

Jannis fiel auf, wie wenig er bisher auf das Hören Wert gelegt hatte. In unserer von Lärm erfüllten Welt kann man nicht wirklich hören, und so legen wir auch mehr Wert auf den Sehsinn, denn wir sind fernsehende Menschen geworden, die die Wirklichkeit oft genug mit den Abbildern im Fernsehen verwechseln. „Bei uns sagt man: ‚Die Augen sind das Fenster zur Seele‘. Aber das ist inzwischen zu einem abgedroschenen Spruch verkommen. Wer kann schon so sehen? Bei uns wollen die Menschen lieber fernsehen."

Ibrahim seufzte und die beiden Männer lagen schweigend nebeneinander. Nach und nach verebbte der Sturm, und irgendwann lag alles in tiefem Schlaf.

Am nächsten Morgen mussten die Zelte teilweise freigeschaufelt werden. Die Tiere wurden versorgt, niemand machte ein besonderes Aufhebens über den Sandsturm. Man nahm ihn gelassen hin. Als alles verstaut war, zog die Gruppe weiter. Jannis quälte der Sand, der in alle Poren gedrungen zu sein schien. Aber er hatte sich nicht getraut, nach Wasser für ein ausgiebiges Waschen zu fragen. Er hatte bemerkt, dass er wesentlich mehr trank, als die Beduinen. Anscheinend brauchten sie nicht so viel, denn wenn sie unterwegs waren, ließen sie das meiste Wasser den Tieren. Nur die Kamele kamen mit noch weniger aus, wenn sie sich vorher ausgiebig satt getrunken hatten.

Am Nachmittag hielt die Gruppe auf einer breiten Erhebung. Von hier konnten sie die Straße sehen, die nach Bethlehem und Jerusalem führte.

„Das letzte Stück musst du allein gehen", sagte Ibrahim. „Hier trennen sich unsere Wege."

Jannis verabschiedete sich herzlich. „Danke für die interessante Kurzreise. Es war sehr lehrreich für mich."

„Wohin wirst du jetzt gehen?", fragte Ibrahim.

„Ich glaube, du weißt wohin."

Ibrahim sah ihn lächelnd an und nickte. Auch zu diesem Mann empfand Jannis das Gefühl einer geistigen Verbundenheit, auch wenn ihr Zusammensein nur von kurzer Dauer gewesen war. Jannis hatte bald die Straße erreicht und lief der untergehenden Sonne entgegen – nach Jerusalem.

*

Das erste, was Jannis tat, nachdem er sich eine einfache Unterkunft gesucht hatte, war lang und ausgiebig zu duschen. Jede Stelle seines Körpers seifte er ausgiebig ein und spülte sie immer wieder mit dem herrlichen, kostbaren Wasser ab. Es störte ihn auch nicht, dass es weder heiß noch richtig kalt war. Es war trotzdem erfrischend. Anschließend wollte er erst einmal essen und sich dann richtig ausschlafen, um am nächsten Tag zu entscheiden, wie es nun weitergehen sollte. Er ging zu Fuß in die Innenstadt und schlenderte durch die Straßen auf der Suche nach einem Restaurant. An einem schattigen

Garten, der zu einem kleinen Restaurant gehörte, blieb Jannis stehen. Der Wirt hatte mehrere Tische und Stühle rausgestellt und einige Touristen ließen es sich dort gutgehen. Irgendwie fühlte sich Jannis von diesem Ort angezogen. Er setzte sich an einen freien Tisch, bestellte eine Mahlzeit und gönnte sich einen kalten Weißwein dazu.

Jannis ließ noch einmal die Erlebnisse der letzten Tage an seinem inneren Auge vorbei ziehen. Die gehaltvollen Gespräche und die Erkenntnisse, die er dabei gewonnen hatte, berührten ihn tief. Es freute ihn, dass er solch außergewöhnliche und besondere Begegnungen gehabt hatte, und zum ersten Mal seit langem mischte sich in die körperliche Erschöpfung ein Gefühl von trügerischer Zufriedenheit.

Fast behaglich lehnte er sich in seinem Stuhl zurück und beobachtete während des Essens die Touristen, die ihren Reiseführer mit allerlei Fragen bedrängten. Unmerklich hatte sich eine leichte Überheblichkeit in sein Denken eingeschlichen. Ein abfälliger Gedanke kam ihm in den Sinn: „Die können noch nicht einmal eine Urlaubsreise ohne Führer unternehmen, wie große Kinder. Sie wissen eigentlich nichts über das Leben." Innerlich den Kopf schüttelnd und fast ein bisschen von oben herab warf er noch einen Blick auf die laute Reisegruppe und wandte sich dann wieder seinen eigenen Gedanken zu. Nach einer Weile bezahlte er und schlenderte gedankenverloren in Richtung Altstadt. Hier waren die Gassen eng und die Gerüche des Orients drangen in seine Nase. Jannis sah dem Treiben der Menschen ohne Interesse zu. Er beachtete weder die Händler noch die Touristen oder die Einheimischen und auch nicht die Bettler. Die laute

Geräuschkulisse ging ihm etwas auf die Nerven und so bog er lieber in weniger belebte Straßen ein.

Es war inzwischen dunkel geworden und in den kleineren Seitengassen waren die Läden schon geschlossen. Plötzlich ließ ihn ein Geräusch zusammenzucken. Aus den Augenwinkeln nahm er eine Bewegung schräg hinter sich wahr. Ein Schatten löste sich blitzschnell von der Häuserwand. Er hörte noch das scharfe Zischen eines Gegenstands, der unmittelbar hinter ihm die Luft zerschnitt. Den Aufprall auf seinem Hinterkopf hörte er nicht mehr, sondern spürte ihn nur noch als stechenden Schmerz. Einen Augenblick lang wurde ihm schwarz vor Augen und er taumelte zu Boden. Gleichzeitig durchzuckte ihn eine Ahnung, die sich in Sekundenbruchteilen zur Gewissheit verdichtete, und mit ungläubigem Staunen wurde ihm plötzlich klar, dass er überfallen wurde.

Jannis versuchte aufzustehen, aber die Muskeln gehorchten ihm nicht mehr, er konnte kaum die Augen öffnen. Er spürte, wie zwei kräftige Hände ihn packten und seine Taschen systematisch durchsuchten. Automatisch versuchte er sich zu wehren, aber die Arme versagten noch jeden Dienst. Kalter Schweiß lief ihm über die Stirn und in den Nacken. Zu dem Gefühl der Ohnmacht gesellte sich die Angst. „Oh Gott, was ist, wenn..."

Er wusste, er war dem anderen ausgeliefert. Ungläubig bemerkte er, dass die Angst, die er schon überwunden geglaubt hatte, doch wieder da war. Die Angst vor dem Tod. So wollte er nicht sterben, so sinnlos. Hier in einer schmutzigen Gasse, ausgeraubt und erniedrigt. Er wollte schreien, doch seiner Kehle entrang sich nur ein gequältes

Stöhnen. Wie als Reaktion auf seine Gedanken bekam Jannis plötzlich ein paar kräftige Ohrfeigen. Mit einem Male war er wieder wach. Er schlug die Augen auf und gleichzeitig funktionierten auch die anderen Sinne wieder. Er sah eine schattenhafte Gestalt über sich gebeugt und hörte, wie mit einer tiefen kehligen Stimme ein paar arabische Flüche ausgestoßen wurden. Dabei spürte er den heißen Atem des Mannes in seinem Gesicht. Kalte Augen schauten ihn verächtlich an. Plötzlich drehte sich die Gestalt von ihm weg und lief fast geräuschlos zum Ende der dunklen Gasse, wo sie in einer Seitenstraße verschwand.

Jannis hatte sich aufgesetzt und tastete seine Taschen ab. Die Brieftasche fehlte. Bargeld, Kreditkarte und das Wichtigste: die Fotos! Die einzigen Fotos, die er noch von Elli und den Kindern hatte. Sie waren das einzige, was er damals nicht in das Feuer des Schamanen geworfen hatte. Die Fotos, die er so oft liebevoll an sich gedrückt hatte, auf denen er die Gesichter seiner Lieben gestreichelt hatte und die manchmal seine Tränen aufgefangen hatten. Er hatte sich von ihnen verabschiedet, sie losgelassen – und trotzdem hatte er sich mit den Fotos ein Hintertürchen offengehalten, das eine Verbindung zur Vergangenheit herstellte.

Er empfand es als ungeheure Demütigung, als Unverschämtheit, dass irgendein dahergelaufener Dieb ihm diese Verbindung raubte. Er sprang auf und versuchte, dem anderen hinterher zu rennen. Keuchend erreichte er die Ecke, wo der Mann verschwunden war. Nichts. Ohnmächtige Wut überkam ihn und er schrie sie dem Dieb hinterher. „Du Schweiiiin!!"

Er hörte nicht, wie eine Stimme aus einem der Fenster über ihm zu ihm hinunterrief: „Schenk' es ihm – und geh' nach Hause!"

Jannis wandte sich um und schlurfte die dunkle Gasse zurück in Richtung auf seine Unterkunft. Der Mond hing als dünne, kaum wahrnehmbare Sichel über den Dächern und kämpfte einen vergeblichen Kampf gegen die Finsternis. Er hätte gern einen Bus oder ein Taxi genommen, aber er hatte ja kein Geld mehr. Zu allem Übel hatte er auch noch rasende Kopfschmerzen. Als ob ihm nicht schon genug passiert wäre. Warum musste es schon wieder ihn treffen? Eine Welle von Selbstmitleid überkam ihn, und das erste, was er tun wollte, war mit Markus in Washington zu telefonieren. Er würde die Sache mit dem Geld und der Kreditkarte regeln und es würde gut tun, seine Stimme zu hören. In Washington war jetzt Bürozeit und er müsste ihn eigentlich erreichen.

In seiner Unterkunft angekommen, benachrichtigte Jannis sofort seine Vermieter, mit dem Wunsch, nach Washington telefonieren zu dürfen. Der Hausherr war ein freundlicher Mensch mit Namen Ruwen. Er war ehrlich bestürzt über den Vorfall und bestand darauf, zuerst die Kopfwunde zu versorgen. Jannis ließ es mit wachsender Ungeduld über sich ergehen. Auch das Telefonieren war nicht komplikationslos. Er musste über die Auslands-vermittlung ein R-Gepräch anmelden und wartete nervös auf Markus' Rückruf.

Endlich! Die altvertraute Stimme. Jannis konnte gar nicht so schnell reden, wie er erzählen wollte. Markus versprach sofortige Hilfe. Eine Geldanweisung würde schon am folgenden Tag auf den Namen des Vermieters eintreffen. Die neue Kreditkarte würde ein paar Tage dauern, und die amerikanische Botschaft in Tel Aviv würde Markus schon vorab informieren. Die Situation wurde ein bisschen erträglicher.

Am nächsten Tag konnte Ruwen tatsächlich das Geld holen und Jannis aushändigen, der sofort zur Botschaft nach Tel Aviv fuhr. Dort hatte er das Gefühl, als ob alles darauf bedacht war, ihm Steine in den Weg zu legen: eine Warteschlange vor dem Eingang, ein breitschultriger Mann, der sich vordrängelte und auf Jannis' Proteste überhaupt nicht reagierte, die mühsame Prozedur überhaupt erst Einlass zu finden, da er ja keinen Pass mehr hatte. Bis der Dummkopf an der Pforte seine Situation begriffen hatte! Und dann die israelische Polizei, die wegen des Raubüberfalls dazugerufen wurde und ihn mit tausend Fragen löcherte. Sie sollten endlich den Dieb erwischen und nicht alles dreimal fragen!

Auch die Passformalitäten waren nichts für seine angegriffenen Nerven. Gut, dass Markus wenigstens für ihn gebürgt hatte. Trotzdem sollte er noch mehrere Tage auf seinen neuen Pass warten. Jannis war genervt. Er mietete sich ein Zimmer in Tel Aviv, denn ohne Papiere sollte er die Stadt nicht verlassen, und richtete sich auf ein mehrtägiges Warten ein.

Noch zweimal telefonierte er mit Markus, der sehr mitfühlend war, und das tat ihm gut. Markus wollte, dass Jannis zurückkäme. Alle würden auf ihn warten, sein Job war ihm freigehalten worden, seine Freunde würden sich um ihn kümmern. Er sollte in die Heimat zurückkommen und sein Leben wieder aufnehmen. Auch seine Eltern fragten sich verzweifelt, wann er denn wiederkäme.

Jannis kam ins Grübeln. Die Anteilnahme tat ihm gut. Wäre es nicht doch das Beste für ihn, wenn er jetzt zurückginge? War es vielleicht ein Wink des Schicksals? Hatte es Sinn, noch weiter zu suchen, ins Ungewisse zu reisen, wobei er nie wusste, was ihn erwartete? Wäre es nicht vernünftiger, zurück in die alte, vertraute Welt zu gehen, in der er sich auskannte und wo er sich sicher fühlte?

Nach ein paar Tagen konnte er seinen neuen Pass in der Botschaft abholen und durfte sich wieder frei bewegen, wohin er wollte. Markus hatte einfach für ihn einen Flug nach Washington gebucht und Jannis ließ sich bereitwillig die Entscheidung abnehmen.

Es war ein klarer Morgen und kein Wind regte sich, als er mit dem Bus zum Flughafen fuhr. Er hatte nur seinen kleinen Rucksack dabei und den wollte er als Handgepäck mit in die Maschine nehmen. Doch als er einchecken wollte, erklärte man ihm, dass das Flugzeug aus technischen Gründen mehrere Stunden Verspätung haben würde. Schon wieder Ärger!

Missmutig schlich Jannis durch die große Halle. In der Nähe eines kleinen Wasserbeckens stand eine Bank, auf der er sich niederließ. An der Rückseite war eine andere Bank aufgestellt worden, und nach einer Weile bemerkte er, wie ein ganz in Schwarz gekleideter Europäer oder Amerikaner und ein asiatischer Mönch in einem roten Gewand sich mit dem Rücken zu ihm hinsetzten. Sie unterhielten sich auf englisch, und plötzlich bekam Jannis einige Sätze ihres Gesprächs mit. Der Mönch sprach leise zu dem anderen Mann, dessen Gesicht einen müden Ausdruck hatte und dessen Augen jeglichen Glanz vermissen ließen: „Niemand erscheint mir unglücklicher, als ein Mensch, dem nie ein Leid zugestoßen ist, denn er kommt nie in die Lage, sich und seine Kraft kennenzulernen und zu entwickeln. Er scheint den Mächten nicht wert, einmal ein Unglück zu überwinden. Das Schicksal geht fast verächtlich an ihm vorüber, und das bedeutet Stillstand."

Die Sätze waren in Jannis' Gedanken hineingefahren wie ein Blitzschlag. Er starrte eine Weile vor sich hin und ließ das soeben Gehörte noch in sich nachklingen. Er empfand es wie eine schallende Ohrfeige. „Das gibt's doch nicht!", dachte er und war ein wenig vor sich selbst verlegen. „Ich bin ja gerade dabei, mich feige zu verkriechen." Kaum zu glauben, dass er sich von einer gestohlenen Brieftasche von seinem Weg abbringen ließ und zurück in die Gewohnheit flüchten wollte. Vielleicht war das Ganze auch die richtige Reaktion auf seine Überheblichkeit gewesen und auf seine kleine Mogelei mit den Fotos. Verblüffung malte sich auf seine Gesichtszüge und mit einem Ruck drehte er sich zu den beiden um. Auch der Mönch hatte sich umgedreht, lächelte freundlich und nickte ihm zu, beinahe aufmunternd, als hätte er die Sätze auch zu ihm gesagt.

Jannis' Blick fiel auf die Bordkarten, die zwischen den beiden auf der Bank lagen. Die Aufschrift sprang ihn in fett gedruckten Buchstaben an und beschleunigte augenblicklich seinen Pulsschlag: Katmandu. Wie hatte er das vergessen können? Was für ein Unsinn, die Suche, seinen Weg, mittendrin abzubrechen! Mit einem Mal erschien ihm die Rückkehr ins alte Leben doch nicht mehr so verlockend. Er war noch nicht soweit. Ein Weg muss in seiner ganzen Länge gegangen werden.

Entschlossen stand er auf und ging zum Schalter der Fluggesellschaft. Die junge Dame schaute zwar etwas ungläubig, veranlasste aber gleich die Umbuchung seines Fluges. Zu Markus schickte er ein kurzes Telegramm. Er würde ihm später ausführlich schreiben.

Eine knappe Stunde später saß Jannis auf seinem Fensterplatz der Boeing 727 und flog Richtung Osten.

* * *

Dudjom

Das Karma, die Erschaffung der Welt, der Sinn der Schöpfung

Katmandu wirkte auf Jannis wie eine Endstation, in der alle Wege aus der Welt zusammenlaufen. Er hatte in Tel Aviv eine Chartermaschine nach Neu Delhi genommen und war von hier mit einem kleineren Passagierflugzeug nach Nepal weitergeflogen. Katmandu war das Tor zum Himalaya und das Mekka aller Europäer und Amerikaner, die dort das Außergewöhnliche suchten. Alle hatten unterschiedliche Ziele: das Abenteuer, den Erfolg der Besteigung der höchsten Berge der Welt, das Überschreiten der eigenen Grenzen, Selbstfindung oder auch nur das Gefühl, schon mal da gewesen zu sein, wo man gewesen sein musste. Dementsprechend laut war das Treiben in den Straßen, wo sich das Asiatische mit dem zuweilen großen Andrang von westlichen Besuchern mischte. Katmandu war der Ausgangspunkt der meisten Expeditionen in den Himalaya. Hier rüstete man sich aus, und die eigentliche Reise begann erst jetzt.

Sämtliche Eindrücke waren für Jannis fremd. Die Sprache, die Schrift, die Kleidung der Menschen, die Gesichter, die Gerüche, das Essen, das Klima – alles war anders. Alle Arten von Rikschas fuhren durch die Straßen, deren Ränder gesäumt waren von Geschäften und Händlern mit fahrbaren Karren. Jannis ließ sich von einer motorisierten Rikscha ein paar Straßen weit mitnehmen. Als sie an einem kleinen Tempel vorbei fuhren, stieg er aus. Er sah den Menschen zu, wie sie an den Gebetsmühlen vorbei gingen und sie drehten, während sie unablässig beteten, was für ihn wie eine Mischung aus unverständlichem Gemurmel und monotonem Gesang klang, von dem jedoch eine sonderbare Kraft ausging.

Er ging weiter durch die Straßen und suchte sich ein paar Geschäfte, wo er sich mit zweckmäßiger Kleidung versorgen konnte. Die Sachen, die er am Leib trug, ließ er einfach dort. Anschließend ließ er sich wieder zum Flughafen zurückfahren, wo er auf einer Bank übernachtete. Die Mischung der Gerüche, Sprachen und Gesichter war genau so bunt wie zuvor auf den Straßen. Am nächsten Morgen flog Jannis mit einer Propellermaschine über die Randausläufer des Himalaya nach Osten, nach Bhutan. Die vom ewigen Eis verhüllten Bergriesen schienen zum Greifen nah, und selbst vom Flugzeug aus waren sie von einer beeindruckenden Majestät.

Sie flogen über einen weißen Gipfel, der hoch über der Wolkendecke lag, durch die die Sonne ihr gleißendes Licht siebte. Einsam stand er da, in einem Licht, das nur wenige als Bergsteiger zu sehen bekamen und das schon viele mit dem Tod bezahlt hatten. Die Gletscher schimmerten bläulich, in den Spalten schien eher ein durchsichtiges Grün vorzuherrschen, das ihn an leere Weinflaschen erinnerte. Weiter unten konnte er sich langsam bewegende Punkte ausmachen. Eine Herde vielleicht, weit oberhalb der Baumgrenze. Er verspürte Lust, dort zu laufen, die Luft zu riechen und die Erde zu greifen. Er wollte das klare Quellwasser trinken und aufwärts steigen, immer höher, diesem Licht entgegen, das ein ganz anderes sein musste, wenn man den Weg hinauf gegangen war.

Am Nachmittag landete die Maschine in Thimphu, Bhutans größter Stadt und im Sommer Hauptstadt. Vermutlich war Bhutan der einzige Staat der Welt, der im Sommer eine andere Hauptstadt hat als im Winter, nämlich die Stadt Panakha. In Thimphu waren so gut wie keine Touristen mehr zu sehen. Trotzdem konnte sich Jannis ganz gut mit Englisch zurechtfinden, da sehr viele Inder hier lebten. Sein Ziel war eines der tibetischen Klöster im Norden des Landes.

Bhutan hatte den Geistlichen Tibets Exil gewährt, nachdem die Chinesen das Land brutal überfallen und annektiert hatten. Die Geistlichen, die entkommen konnten, bevor sie getötet wurden, flohen nach Bhutan. Auch der Dalai Lama kommt oft hierher, denn die Religionsausübung ist in Tibet nicht mehr möglich. Die Chinesen legen es darauf an, die tibetische Kultur auszulöschen; die Sprache und die Religion wurden verboten und das Volk wurde unterdrückt. Trotzdem leben die heiligen Lehren weiter, und erst seitdem die Chinesen deren Ausrottung betreiben, werden sie auch im Westen verbreitet. Ironie des Schicksals. Über diesen Begriff würde es sich nachzudenken lohnen, meinte Jannis.

Er brauchte zwei Tage, um einen Treck zu finden, dem er sich anschließen konnte und der nach Norden zog. Die Mitglieder der Gruppe waren bis auf Jannis alles Einheimische, über deren Ziel oder Absichten er nichts wusste. Der Führer war ein Jäger und Bergsteiger, der sie in ein entlegenes Dorf nahe der Grenze zu Tibet bringen würde. In der Nähe sollte es ein tibetisches Kloster geben, wohin Jannis dann allein weitergehen würde.

Die Luft war nicht allzu kalt, aber das Laufen war für Jannis ungewohnt und mühsam. Er war froh über die guten Bergschuhe, die er in Katmandu gekauft hatte, auch wenn der Preis ihm unverschämt hoch vorkam. Sie gingen den ganzen Tag, meist schweigend, und vertrauten sich wortlos der Ortskenntnis ihres Führers an. Abends erreichten sie eine Hütte, oder eher eine Art großen Schuppen, in dem ein paar Holzpritschen aufgestellt waren. Ein Feuer wurde auf dem Boden in einer von Steinen umfassten Feuerstelle entfacht, und alle aßen von ihrem mitgebrachten Proviant.

Während des Essens lauschte Jannis der Unterhaltung, ohne sie zu verstehen. Eine fremd klingende Sprache von eigenartiger Musikalität. Der Führer schien der einzige zu sein, der Englisch sprach, aber Jannis war ohnehin viel zu müde, um reden zu wollen. Außer ihm gab es noch einen Mann, der sich an der Unterhaltung nicht beteiligte. Er war ein alter Mann, ärmlich gekleidet. Seine Gesichtszüge waren jedoch straff, und seine dunklen Augen waren klar und wach und wiesen nicht die Spur von Müdigkeit oder Erschöpfung auf. Er war der einzige, der nicht sofort zu essen begann, sondern er breitete einige Augenblicke seine Hände über sein karges Mahl, als wolle er es segnen. Er aß sehr langsam und schien sich mit jedem Bissen ganz bewusst beschäftigen zu wollen. Nach dem Essen zog er sich zurück. Die Männer beachteten ihn nicht, und auch Jannis legte sich hin und schlief bald vor Erschöpfung ein.

*

Am nächsten Morgen zog die Gruppe sehr früh weiter. Sie kamen jetzt in höhere Regionen, und der Baumwuchs nahm merklich ab. Trotzdem war die Luft noch erfüllt vom Geruch des Harzes. Der Alte ging vor Jannis. Er war frisch und hellwach, als hätte er sich den ganzen gestrigen Tag ausgeruht. Seine Bewegungen waren leicht und schienen nicht den geringsten Kraftaufwand zu brauchen, wie Korn, das sich im Wind bewegt.

Gegen Mittag machten sie unter einem großen Felsen Rast, an dessen Fuß eine Quelle entsprang. Das Wasser schmeckte genau so, wie Jannis es sich im Flugzeug vorgestellt hatte. Der Alte trat neben ihn und nahm beide Hände voll Wasser, betrachtete es und ließ es durch seine Finger gleiten. Jannis beobachtete ihn dabei und fragte sich, was er wohl denken möge. Unvermittelt wandte der Alte seinen Kopf und begann auf englisch zu reden: „Wir sind wie diese Wassertropfen, die einst aus dem Meer aufgestiegen sind und mit dem Regen wieder zur Erde fielen. Aus einer Quelle sprudeln sie dann heraus in einen Bach. Über unendlich viele Hindernisse, von Felsen, Schlamm und Geröll behindert, durch enge Schluchten und weite Ebenen finden sie ihren Weg zum größeren Fluss, der sie mitnimmt, bis sie nach einer schier endlosen Reise wieder das grenzenlose Meer erreichen."

Jannis war verblüfft. Mit allem hatte er gerechnet, oder besser gesagt mit gar nichts. Dass dieser alte, ärmlich gekleidete und unbeachtete Mann ihn plötzlich auf englisch ansprach, kam so überraschend, dass er keine Antwort gab und ihn nur stumm ansah. Der Alte lächelte und setzte sich etwas abseits auf einen flachen Stein. Jannis fragte, ob er sich zu ihm setzen könne, und der Alte wies mit der Hand auf den Platz vor ihm.

„Mein Name ist Jannis", begann er. „Ich komme aus den Vereinigten Staaten. Sie sprechen gut englisch. Leben Sie hier?"

„Ich lebe in Bhutan", erwiderte der Alte, „aber ich komme aus Tibet. Ich heiße Dudjom."

„Sie kommen aus Tibet?", wiederholte Jannis. „Dann leben Sie hier im Exil?"

„So kann man es nennen."

„Ich habe im Flugzeug über das Schicksal Tibets nachgedacht. Ich glaube, Sie nennen es Karma?!"

„Karma wird im Westen oft mit Schicksal oder Vorherbestimmung übersetzt, und leider wird es damit völlig missverstanden. Karma ist einfach das unfehlbare Gesetz von Ursache und Wirkung, das das gesamte Universum regiert. Es bedeutet wörtlich ‚Handlung‘, und es bezeichnet sowohl die Kraft, die in unseren Handlungen verborgen liegt, als auch die Ergebnisse, die unsere Handlungen hervorbringen. Ganz einfach bedeutet es, dass alles, was wir tun, sagen oder denken, entsprechende Ergebnisse hervorbringt. Jede Handlung, auch die scheinbar unbedeutendste, trägt bereits ihre Konsequenzen in sich."

„Denselben Gedanken gibt es auch bei uns", dachte Jannis, und ihm fiel ein Bibelzitat ein, worüber er sich selber wunderte. ‚Was du gesät hast, wirst du ernten.‘ „So ungewöhnlich ist das nicht." Laut sagte er: „Nur sieht man die Ergebnisse leider oft nicht, oder man erlebt Situationen, kann sie aber nicht mit früheren Handlungen in Verbindung bringen."

„Es mag sein", erwiderte der Alte, „dass die Ergebnisse unserer Handlungen noch nicht gereift sind. Sobald sich aber die passenden Umstände ergeben, werden sie sich auf jeden Fall zeigen. Auch wenn wir nicht erkennen, was meine jetzige Situation mit meinen früheren Handlungen zu tun hat, bedeutet doch allein das ernsthafte Stellen dieser Frage für einen westlichen Menschen eine Umkehrung seiner Lebenseinstellung. Man darf bloß nicht meinen, dass man immer gleich wissen kann, was diese oder jene Situation für mich bedeutet. Allein das Wissenwollen, das Suchen, bedeutet schon bewusster zu leben."

„Und das würde meine Lebensweise verändern?"

„Gewiss. Was immer jetzt ist, ist die Folge des Gewesenen und der Ursprung für alles Zukünftige. Man kann es auch anders ausdrücken: Wenn du dein vergangenes Leben kennenlernen möchtest, dann schau deine jetzigen Umstände an. Wenn du dein zukünftiges Leben kennenlernen willst, schau deine gegenwärtigen Handlungen und Taten an. Sie bestimmen dein zukünftiges Leben. Der Buddha hat es kurz und prägnant gesagt: ‚Du bist, was du warst, und du wirst sein, was du tust.' Wenn du das bedenkst, wirst du vielleicht nicht wissen, was du tun sollst, aber dir fallen bestimmt tausend Dinge ein, die du nicht mehr tun solltest."

„Ganz bestimmt", meinte Jannis. „Aber wie ist es mit sogenannten Schicksalsschlägen, die man zu ertragen hat?"

„Wenn wir wirklich begreifen und wissen, was Karma bedeutet, betrachten wir leidvolle Erfahrungen nicht mehr als zufällige und sinnlose Katastrophen oder als ungerechte Strafen, sondern wir erkennen darin die Frucht vergangenen Karmas. Diese Frucht gilt es mit Würde zu essen, das heißt zu ertragen. Wir Tibeter nennen das Leiden einen Besen, der unser negatives Karma wegfegt. Außerdem stellt es eine Gelegenheit dar, uns zu entwickeln, denn wir wollen es ja überwinden, und dazu müssen wir uns anstrengen und dazulernen. Einen lauwarm-angenehmen Zustand würde niemand ändern wollen, und deshalb bedeutet er Stillstand."

„So habe ich das noch nie betrachtet. Dann dient also der Schicksalsschlag meiner Entwicklung!?"

„Richtig. Das Karma ist aber keineswegs ein unerbittliches Schicksal, dem der Mensch hilflos und machtlos ausgeliefert ist. Durch neue Taten kann der Mensch gutes oder schlechtes Karma abbauen oder anhäufen. Er macht sich sein Schicksal selbst."

„Das selbst geschaffene Schicksal ist dann natürlich gerecht und wahrscheinlich auch gnadenlos."

„Nein, die göttliche Gnade kann immer wieder heilbringend in das Karma eingreifen, wenn man sie erbittet oder anruft und sie sucht. Das Gesetz des Karma steht weder mit unserem freien Willen in Widerspruch noch mit der göttlichen Gnade. Buße und Reue, also Umkehr, kann genau so heilbringend sein wie eine gute Tat."

„Was ist denn", warf Jannis ein, „wenn man das Pech hat und man bekommt Eltern, von denen man vernachlässigt oder gar misshandelt wird, oder man bekommt dieses oder jenes Erbgut mit? Da muss ich ja schon Dinge ertragen, für die ich nichts kann und die mein späteres Handeln schon vorbestimmen können. Seine Eltern kann man sich nun mal nicht aussuchen."

„Da sind wir Tibeter ganz anderer Meinung. Wir glauben, dass eben unser Karma unsere Seele angewiesen hat, gerade diese Eltern zu ihrer Inkarnation auszuwählen, da die Lebensumstände, die sie bieten, unserem Karma entsprechen."

„Wenn ich dich richtig verstanden habe, dann kann ich mein Karma auch ändern?"

„Natürlich. Es ist in stetem Wandel. Jede Aktivität von dir ist nicht nur Ursache für späteres Karma, sondern auch Wirkung des früheren Karmas."

„Wenn einem Menschen ein Unglück widerfährt, hat er das also seinem Karma zu verdanken. Heißt das für mich, dass ich ihm nicht helfen soll, weil ich ja die heilsame Wirkung seines Leidens zunichte machen könnte?"

„Nein, ganz und gar nicht. Du kannst der Vollzugshelfer der göttlichen Gnade sein. Ist dir solche Hilfe noch nie zuteil geworden?"

Jannis schwieg betroffen. Er hätte es besser wissen müssen.

Der Alte fuhr fort: „Zum Buddhismus gehört die Lehre vom Boddhisattva-Ideal. Ein Boddhisattva ist ein Wesen, das die höchste Stufe der Vollkommenheit erreicht hat, aber aus Erbarmen mit der Menschheit auf die Vereinigung mit dem Urgrund, mit dem Absoluten verzichtet. Er geht nicht ins Nirvana ein, um für die Erlösung der Menschheit zu wirken. Dabei verzichtet er auf seine karmischen Verdienste und ist bereit, sein Leben zu opfern und noch viele weitere Existenzen auf sich zu nehmen."

„So wie Buddha", fiel Jannis ein. „Aber auch an Jesus Christus muss ich in diesem Zusammenhang denken."

Der Alte nickte. „Göttliche Barmherzigkeit kann sich auch durch wohltätiges Handeln von Menschen äußern, die dadurch am Wirken der göttlichen Gnade teilhaben. Das ist die erste und höchste Bedeutung von dem, was ihr ethisches Handeln nennt. Erst in zweiter Linie soll der Mensch daran denken, dass er durch ethisches Handeln gutes Karma anhäuft zu seinem eigenen Heil.

Die Tibeter sagen:

> *Was immer an Freude ist in der Welt,*
> *entspringt dem Wunsch für das Glück anderer;*
> *und was immer an Leiden ist in der Welt,*
> *entspringt dem Wunsch nach nur eigenem*
> *Glück.“*

„Aber was ist, wenn ein ganzes Volk, wie Tibet das gleiche Schicksal zu tragen hat?", wollte Jannis wissen.

„Dann ist es das Karma dieses Volkes, das mit jedem individuellen Karma der einzelnen Menschen verstrickt ist."

Der Führer der Gruppe war zu ihnen getreten und erklärte, dass die Pause beendet sei und sie nun weitergehen müssten. Jannis und der Alte erhoben sich und schlossen sich den anderen an. Am Abend des dritten Tages erreichten sie das Dorf. Es war spürbar kälter als in Thimphu, und Jannis war wieder froh über seine neu erworbene Kleidung, die ihm genügend Schutz vor dem manchmal schneidenden Wind bot. Das Dorf bestand aus gut zwei Dutzend Hütten, die teils aus Holz und teils aus Stein gebaut waren. Jannis konnte sich nicht vorstellen, wovon die Menschen hier lebten. Ein paar Kinder spielten auf der Straße und beäugten neugierig die

Neuankömmlinge. Einige kamen hergelaufen und fielen den Männern, die anscheinend ihre Väter waren, in die Arme.

Die Gruppe löste sich auf, und bald stand Jannis mit dem Führer und dem Alten allein auf dem Dorfplatz. Man gab ihnen Schlafplätze in einem Schuppen und versorgte sie mit einfachem Essen. Jannis erkundigte sich bei dem Führer nach dem Weg zu dem tibetischen Kloster, welches sein Ziel war. Der deutete mit dem Kopf zu dem Alten und sagte: „Er geht hin. Frag ihn, ob du mit ihm gehen kannst." Das hätte er sich natürlich auch denken können. Er wandte sich um und sah, wie der Alte ihn anlächelte.

„Du kannst mit mir kommen", sagte er, „wir haben den selben Weg." Jannis war froh, dass sich alles so einfach ergab. Der Alte war wesentlich interessanter und beeindruckender, als man auf den ersten Blick meinen konnte. Voller Vorfreude schlief er diese Nacht ein. Würde er wirklich hier im Himalaya in ein tibetisches Kloster gelangen? Und welche Erfahrungen würde er dort machen?

Am nächsten Morgen brachen sie sehr früh auf. Der Alte hatte gesagt, dass sie das Kloster bis zum nächsten Abend erreichen würden. Die aufgehende Sonne war noch hinter den Gebirgskämmen verborgen, tauchte aber schon alles in ein eigentümlich warmes und mattes Licht. Das ewige Eis auf den Gipfeln glitzerte und funkelte, als sie ihre ersten Strahlen über die Grate schickte.

Jannis und Dudjom zogen in nördlicher Richtung. Sie gingen bald in einer Höhe oberhalb der Baumgrenze. Die Luft war kalt und klar, und für Jannis war das Atmen in dieser Höhe bei körperlicher Anstrengung ungewohnt schwer. Er vermutete, dass sie sich jetzt nahe der Grenze zu Tibet befanden, oder waren sie vielleicht sogar auf tibetischem Gebiet? Er wollte Dudjom nicht fragen, und so gingen die Männer schweigsam weiter in Richtung Norden. Gegen Mittag hatten sie eine kleine Hochebene erreicht und machten eine Rast. Rundum bot sich ihnen ein gewaltiger Anblick. Sie waren umgeben von den höchsten Gipfeln der Erde, so mächtig, dass er meinte, der Wind müsste an ihnen zerschellen. Sie strahlten schneebedeckt in gleißendem Licht unter einem klaren Himmel und schienen zum Greifen nah, so als bräuchte man nur hinüber zu springen von einem zum anderen. Im Norden fegte der Wind weißen Staub über den Grat und blies ihn in einer langen Fahne vor sich her. In alle Richtungen erstreckte sich die Reihe der Gipfel, bis zum Horizont. „Weite und Tiefe", dachte Jannis. „Wie das Meer."

Sie waren auf dem Dach der Welt. „Wer daran zweifelt, dass Gott die Welt geschaffen hat", entfuhr es ihm, „hat diesen Anblick noch nicht gesehen."

„Manchmal genügt ein Anblick, der bis ins Herz geht, um zu verstehen, was der Verstand oft nicht fassen kann", erwiderte Dudjom.

„Ich habe von der Schöpfungsgeschichte des Brahma gehört. Eine Reihe unserer Wissenschaftler bestätigen die Theorie, dass sich das Weltall ständig weiter ausdehnt, um sich irgendwann einmal wieder zusammenzuziehen und sich dann, vielleicht nach einem erneuten Urknall, erneut auszudehnen."

„Vor allem ist diese Schöpfungsgeschichte ein Bild dafür, dass die Schöpfung so angelegt ist, dass sie zu Gott zurückkehrt. Hier offenbart sich der eigentliche Sinn des Wortes ‚religio‘: Rückbindung – an Gott. Gott steht nicht nur am Anfang, sondern auch am Ende der Schöpfung. In den Upanishaden heißt es: ‚Das, aus dem alle Wesen geboren werden, in dem sie bestehen und in das sie nach dem Tode eingehen, das suche zu erkennen. Das ist Brahman.‘“

Jannis dachte eine Weile nach und wandte sich dann wieder an Dudjom. „Wenn Gott vor, nach und hinter aller Schöpfung eine absolute Einheit ist, kann es nichts anderes geben, und er muss die Schöpfung aus sich selbst geschaffen haben. Wenn es vorher nichts außer der Einheit gegeben hat und Gott die ganze Unendlichkeit mit seinem Licht erfüllt hat, dann muss er ja die Schöpfung aus seiner eigenen Substanz geschaffen haben. Wie kann ich das verstehen?“

Dudjom lächelte. Viele hatten bei dem überwältigenden Anblick dieser mächtigen und majestätischen Schönheit der Schöpfung solche Gedanken. Es war, als ob hier eine Kraft auf die Menschen wirkte, der sie sich nicht entziehen konnten. „Vielleicht kannst du es so verstehen“, antwortete er Jannis. „Gott hat einen Teil seines Lichts zurückgezogen, um für das Universum Platz zu schaffen. Dieses Licht ist jetzt nicht mehr das reine Licht, auch wenn es aus der göttlichen Substanz kommt, denn es ist verhüllt.“

„Ähnlich wie das Ich das Selbst verhüllt“, dachte Jannis und bat: „Kannst du mir das genauer erklären?“

Dudjom nickte. „Du hast gesagt, dass Gott vor, nach und hinter aller Schöpfung eine Einheit ist. Er ist also unendlich und erfüllt alles. Aber wie ist es möglich,

Wasser in eine schon randvolle Tasse zu gießen? Gott muss also, um die Schöpfung zu ermöglichen, sein Licht aus einem Teil seiner selbst zurückgezogen haben."

„Bleibt noch die große Frage: Warum hat er das gemacht? Wahrscheinlich ist das die größte Frage überhaupt. Was ist der Sinn der Schöpfung?"

Jetzt war es an Dudjom, eine Weile nachzudenken. „Es ist nicht einfach, aber ich will versuchen, es dir zu erklären. Der Sinn der Welt muss außerhalb ihrer selbst liegen. Der Sinn von allen Dingen oder Handlungen liegt außerhalb ihrer selbst."

„Kannst du mir ein Beispiel nennen?"

„Was hast du gearbeitet, und was hast du sonst gerne getan?"

„Nun, ich habe Brücken gebaut und ich habe gern Tennis gespielt."

„Wenn ich dich nun frage, warum du Tennis gespielt hast, wirst du mir nicht antworten: damit ich Tennis spiele. Sondern du wirst sagen: damit ich Spaß hatte, mich sportlich betätigen konnte oder irgend etwas anderes. Mit den Brücken verhält es sich genau so. Der Sinn dieser Tätigkeit liegt nicht darin, dass du baust, sondern dass du dadurch etwas schaffst, Verbindungen nämlich. Der Sinn des Tennisspielens ist also nicht das Tennisspielen selbst, und auch der Sinn der Welt liegt außerhalb ihrer selbst, wie auch der Sinn unseres Lebens."

„Das bedeutet", warf Jannis ein, „dass diese Frage niemals von den Naturwissenschaften beantwortet werden kann, denn die untersuchen natürlich nur, was innerhalb der Welt ist. Aber was ist nun der Sinn der Welt?"

„Um das zu beantworten muss ich nochmal ein bisschen ausholen. Die Vollkommenheit des Göttlichen kann erst dann zu ihrem Sinn finden, wenn sie sich selber aus sich selbst als solche erkennt. Und das ist zugleich ihre Erfüllung. Während das Absolute das Göttliche ist, jenseits von allen Eigenschaften und Tätigkeiten, ist das höchste Wesen das Göttliche als wirkender Gott. Aus ihm geht die Schöpfung hervor. Grund und Ziel der Schöpfung ist die Selbsterkenntnis Gottes, aber auch die jedes einzelnen Menschen! Die Schöpfung ist also der Spiegel Gottes. Schau dich hier um. - Ich sehe dein Antlitz, Herr, in deiner Schöpfung.“

„Delphi“, dachte Jannis. „Erkenne dich selbst – erkenne dein Selbst. Erkenne das göttliche Licht in dir. War das mit der Ebenbildlichkeit des Menschen gemeint?“

„Es bleibt noch die Frage nach dem Wie“, fuhr Dudjom fort. „Wie hat Gott die Welt geschaffen?“ Jannis schaute ihn erwartungsvoll an und Dudjom sprach weiter. „Wir haben diese Frage vorhin schon berührt. Gott hat durch das Wort geschaffen.“

„Das Logos-Prinzip“, entfuhr es Jannis.

„Ja, ihr nennt es so. Deshalb will ich auch diesen Ausdruck verwenden. Die ganze Schöpfung ist trotz aller Erklärungsversuche ein Wunder. Gott, also das höchste Wesen, ist die Liebe und muss sich selber erkennen, um diese Liebe zum Tragen zu bringen. Dazu bedarf er der Schöpfung.“

„Ich glaube, ich habe verstanden“, unterbrach ihn Jannis. „Ich habe das schon mal gehört. Gott gibt die Vollkommenheit der Einheit zum Teil auf und spaltet sich in ewig-männliches Prinzip und ewig-weibliches Prinzip, die als ‚göttliches Kind' den Logos hervorbringen."

„Richtig. Gott, der die Liebe ist, opfert also aus Liebe einen Teil der Einheit. Und so können wir erkennen, dass einer der höchsten Wesenszüge der Liebe das Opfer ist. Damit ist das Urbild der Liebe zwischen Mann und Frau vorgegeben und jetzt ist der eigentliche Sinn der Ebenbildlichkeit von Gott und Mensch verständlich."

„Gott schöpft die Welt durch den Logos", wiederholte Jannis, „zur Selbsterkenntnis Gottes. Dieser Erkenntnisvorgang ist ein Liebesakt."

Dudjom nickte erfreut. „Und deshalb müssen wir die ganze Welt in Liebe erfassen, denn aus der Liebe wird sie geboren, die Liebe erhält sie und nimmt sie wieder in ihren Schoß zurück."

Jannis fiel ein Zitat aus seinem Philosophieunterricht an der Schule ein. Es war von Augustinus, wenn er sich richtig erinnerte. ‚Wir erkennen soviel wie wir lieben.' Erst jetzt, nach so vielen Jahren, ahnte er die Bedeutung dieses Satzes in seiner ganzen Tiefe.

Die beiden Männer waren inzwischen weitergegangen. Der Weg war nicht mehr so beschwerlich, denn sie gewannen nun nicht mehr an Höhe. Jannis war tief in Gedanken versunken und führte ein Selbstgespräch: „Wahrscheinlich muss man alle Vorgänge außerhalb der Zeit verstehen, denn Zeit existiert ja nur in unserem Raum-Zeit-Kontinuum."

Dudjom hatte zugehört und unterbrach ihn. „Die Zeit ist im Bewusstsein. Erst wenn die Kräfte der Seele auf den Intellekt ausstrahlen, kann ein Gedanke entstehen, und erst mit dem Gedanken kommt die Idee von Zeit. Man kann also nicht sagen, dass die Seele in der Zeit existiere. Die Seele war immer. Es ist vielmehr so, dass die Zeit in der Seele existiert."

„Dann muss man sagen", fuhr Jannis in seinen Gedanken fort, „dass das Absolute gleichzeitig und in Einheit mit dem höchsten Wesen besteht, das sich selbst erkennen will, und mit der Dreifaltigkeit, aus welcher durch den Logos die Schöpfung hervorgeht. Aber wie kann man sich das vorstellen, dass Gott sich selbst erkennt?"

„Zur Erfüllung ihrer Aufgabe, der Selbsterkenntnis Gottes nämlich, bedarf die Schöpfung einer Komponente, die das reine, unbefleckte, vollkommene Göttliche darstellt und überall in der Schöpfung als verborgener Keim vorhanden ist: das Selbst. Es steht geschrieben: ,Im Herzen aller Dinge, in jeglichem, was im Weltall ist, wohnt Brahman. Da es sich selbst erkannte, wurde es zum Selbst in allen Dingen.'"

Auch diese Erkenntnis hatte Jannis schon mal gehabt. Hier kam sie wieder und fügte sich als weiterer Stein in das Mosaik, das langsam zu einem neuen, einem mystischen Weltbild wurde. Er wandte sich an Dudjom. „Gott hat also in der Schöpfung billionenfach seine Lichtfunken verteilt, alle irdisch-stofflichen Formen sind eingeschaltete Lichtfunken. Die Schöpfung ist Licht und damit ist Gott überall und jederzeit in der Schöpfung anwesend. Auch im Leid, das wir ja immer auf das Böse zurückführen oder auf den Teufel. Aber es dient ja letztendlich immer dazu, mich weiter zu entwickeln, damit ich es überwinde, mich auf den Weg zu bringen, heim – zu Gott."

„Ja", sagte Dudjom, „hinter jeder Maske des Teufels wartet der lebendige Gott. Und unser Weg ist in der Tat ein Heimweg. Durch alle Vielgestaltigkeit der Welt tastet sich das Eine in uns mühsam seinen Weg zu dem Einen im All. Das ist seine Natur."

„Glaubst du, dass Gott auch im All anwesend ist?"

„Natürlich. Selbst die Wissenschaftler erkennen nach und nach die gesetzliche Dynamik des Kosmos. Er hat eine innere Gestalt, ihr würdet sagen, eine Struktur, nach der das physikalische Geschehen abläuft und die wir als das Wirken des lebendigen Gottes verstehen. Auch das All entwickelt sich, und diese Entwicklung nennt ihr Evolution."

„Die Schöpfung ist also noch nicht abgeschlossen", fiel Jannis ein.

„So ist es", erwiderte Dudjom. „Neue Sterne entstehen, andere vergehen. Das Ziel und der Zweck der Evolution ist die Verbesserung zum Vollkommenen. Es wird immer mehr überflüssige Materie abgestoßen und immer mehr Geist befreit. Der Geist, mit dem Gott die Materie belebt hat, strebt zum Göttlichen. Das ist Evolution. Das Ende der Evolution ist dann erreicht, wenn die Welt in dem jenseitigen Geist aufgegangen sein wird, der auch ihr Ursprung ist. Auch eure Wissenschaftler verwenden dafür den Begriff ‚Erlösung'. Dann ist die Schöpfung abgeschlossen, vollendet."

Jannis' Stirn legte sich leicht in Falten. „Ich habe noch einen Gedanken, der mich schon die ganze Zeit beschäftigt. Unsere polare Welt kann als Vielheit, als Vielgestaltigkeit, nicht in der Einheit sein, da die Einheit absolut ist. Außerhalb der Einheit des Absoluten kann es aber nichts geben, sonst wäre es ja keine Einheit mehr und nicht mehr absolut. Wie kann ich diesen Widerspruch verstehen?"

Dudjom lächelte. „Ich wusste, dass du das früher oder später fragen würdest. Die Antwort lautet: Die Welt ist Illusion. Die Welt der Erscheinungen ist eine Scheinwelt. Sie ist vergänglich und in stetem Wandel. Wir können einen Zustand nicht erfassen, bevor er nicht wieder anders ist, so wie wir nicht zwei mal in den selben Fluss steigen können. Wir nennen diese Welt ‚Maya‘. Einer eurer Weisen hat dazu gesagt: ‚Alles Sichtbare ist nur ein Gleichnis.‘ Ein Gleichnis nämlich für die geistige Welt. Maya ist die Illusion, die dem Nichtwissenden die Erkenntnis seiner Einheit mit Gott verhüllt. Wir sind alle gefangen in Maya, und erst, wenn wir zu wahrer Selbsterkenntnis gelangt sind, sind wir von ihr befreit. Das Paradoxe ist bloß, dass wir sie zur Selbsterkenntnis brauchen. Denn nur in ihr können wir Erfahrungen machen und uns entwickeln. Dadurch, dass sie Symbol ist, verhüllt und offenbart sie zugleich die letztendliche Wirklichkeit, die unsere Einheit mit dem Göttlichen ist."

„Ich merke an mir selbst", sagte Jannis, „dass ich diese Wirklichkeit zwar mit meinen Ohren höre und mit meinen Gedanken denken kann, doch ich kann sie nicht wirklich begreifen."

„Wenn du das könntest", erwiderte Dudjom, „wärest du schon erlöst. Ich will dir an einer kleinen Geschichte aus dem Hinduismus die Macht der Maya erklären. Es ist die Geschichte von Narada.

Narada hatte auf der Suche nach dem Nirvana die spirituelle Disziplin liebender Hingebung als Weg gewählt. Er stellte sich eine schwierige Aufgabe, aber es gibt keinen leichten Weg zum Nirvana. Um zur Vereinigung mit Gott zu gelangen, lebte Narada einfach und einsam auf einem Berggipfel, wo er sich der ununterbrochenen Meditation über das göttliche Wesen hingeben konnte. Nach Jahren strengster und ehrfurchtsvoller Besinnung hatte der Heilige einen solch hohen Grad der spirituellen Befreiung erreicht, dass er die liebevolle Aufmerksamkeit einer der drei Erscheinungen des Herrn des Alls auf sich zog.

Und so geschah es, dass eines Tages in jener abgelegenen und kargen Einsiedelei vor den Augen dieses hingebungsvollen alten Mannes das Objekt seiner Hingabe erschien: Vishnu, der Bewahrer und Erhalter des Universums. Hocherfreut darüber, dass Narada seine vielen Gelübde erfüllt hatte, sagte Vishnu zu ihm: „Ich bin gekommen, um dir eine Gefälligkeit zu erweisen. Erbitte von mir, was immer du wünschst, und es wird dein sein."

Überglücklich antwortete Narada: „Oh Herr, wenn du solchen Gefallen an mir findest, dann möchte ich dich um eine Gunst bitten. Ich möchte, dass du mir das Geheimnis der Macht der Maya erklärst, der Illusion, durch die du die Beschaffenheit des Universums gleichzeitig enthüllst und verbirgst."

Vishnu antwortete daraufhin ernster: „Guter Narada, schon andere Heilige wollten vor dir die gleiche Bitte erfüllt haben. Glaube mir, dabei ist noch nie etwas Gutes herausgekommen. Was würdest du überhaupt tun, wenn du meine Maya verstündest? Warum bittest du nicht um etwas anderes? Du kannst alles bekommen, was du willst."

Aber Narada bestand darauf, die Macht der Maya kennenzulernen, damit er ein für alle Mal begriffe, wie die Bindung an Illusionen unnötiges Leiden schafft.

„Also gut", antwortete Vishnu. „Wie du willst". Ein vielsagendes Lächeln umspielte seine wunderschön geschwungenen Lippen. „Komme mit mir an den Ort, wo du die Macht der Maya kennenlernen wirst."

Zusammen verließen sie die angenehme Kühle der schützenden Einsiedlerbehausung, stiegen den abschüssigen, bewaldeten Hang hinab und hatten schon bald das Tal verlassen. In der gnadenlos sengenden Sonne führte Vishnu Narada durch eine unfruchtbare Wüstenregion. Es dauerte viele Stunden, ehe sie einen schattigen Platz erreicht hatten. Vishnu streckte sich an einem kühlen Fleck im Sand aus und sagte: „Hier wirst du die Macht der Maya kennenlernen."

Narada wollte sich gerade zu Füßen des Herrn niedersetzen, als Vishnu ihn anwies und sagte: „Ich bin so durstig. Bevor wir anfangen, möchte ich, dass du diese Schale nimmst und mir etwas kühles Wasser holst." Immer bereit seinem Meister zu dienen, nahm Narada die leere Schale und ging auf der Suche nach Wasser über eine Anhöhe hinweg. Auf einmal sah der Heilige ein fruchtbares Tal. Am Rande der üppig bebauten Felder befand sich im Schatten der Bäume eine kleine Hütte. Daneben war eine Quelle. Erfreut über sein Glück, klopfte Narada an die Tür der Hütte, um Erlaubnis zu erbitten, seine Schale an der Quelle füllen zu dürfen.

Die Tür wurde von einem Mädchen geöffnet. Das war so wunderschön, dass der alte Mann sogleich wie verzaubert war. Verloren stand er da und war zu verwirrt, um sich daran zu erinnern, weshalb er eigentlich zu der Hütte gekommen war. Aber was machte das schon. Auch sie schien von ihm hingerissen zu sein. Die junge Frau bat ihn herein, und dies mit einer Stimme, die so unwiderstehlich war, dass er die Einladung nicht zurückweisen konnte. Sie machte ihn mit dem Rest der Familie bekannt und bestand darauf, dass er zum Essen bliebe. Obwohl er gerade erst als völlig Fremder angekommen war, hatte Narada schon bald das Gefühl, im Hause guter und vertrauter Freunde zu sein. Er blieb bei ihnen, da ein angenehmer Tag auf den anderen folgte. So verliebten sich der Heilige und das Mädchen ineinander und heirateten nach kurzer Zeit.

Elf Jahre vergingen. Als der Vater seiner Frau starb, übernahm Narada den Hof. In jedem Jahr war die Ernte größer. Während dieser Jahre wurden diesem liebenden Paar drei wunderschöne Kinder geboren. Narada hatte alles, was man sich nur wünschen konnte. Es war die glücklichste Zeit seines ganzen Lebens. Das zwölfte Jahr jedoch war ein Jahr der Naturkatastrophen. Eine außergewöhnlich heftige Regenzeit führte zu Überschwemmungen, die die Ernte zerstörten und die Strohhütten hinwegschwemmten. Eines Nachts flohen die Landarbeiter. Am nächsten Morgen schwollen die reißenden Ströme so stark an, dass sogar Grund und Boden von Naradas eigener Hütte verlassen werden musste. Narada watete hinaus in das strudelnde kniehohe Wasser. Sein jüngstes Kind hatte er auf seine Schultern genommen. Mit einer Hand stützte er seine Frau, mit der anderen führte er seine beiden älteren Kinder. Plötzlich taumelte Narada nach vorne, da er im Schlamm den Halt verloren hatte. Sein kleinstes Kind fiel kopfüber in den reißenden Strom. In einem verzweifelten Versuch, das

Baby zu retten, ließ Narada die Hände seiner Frau und seiner anderen Kinder los. Das Kleine wurde von den tosenden Fluten weggespült und mit ihm auch die restliche Familie. Keiner war zu retten. Alle waren verloren. Wie konnte das passieren? Narada war der glücklichste aller Menschen gewesen. Er hatte eine entzückende Frau gehabt und drei wunderschöne Kinder. Nun waren sie alle ertrunken. Er hatte es zum erfolgreichsten Bauern im ganzen Tal gebracht, und jetzt war die gesamte Ernte vernichtet, ebenso seine Freunde und sein Haus. Völlig verwirrt, voll der Tränen und mit dem größten Kummer, den er je in seinem ganzen Leben gefühlt hatte, stand Narada bestürzt in den Fluten, die seine Knie umspülten. Allein zurückgelassen, wusste er, dass alles und alle für immer verloren waren.

Doch plötzlich waren die wirbelnden Ströme abgeflossen. Als er nun den trockenen Sand unter seinen Füßen erblickte, erkannte Narada, dass das einzige Wasser, das noch zurückgeblieben war, gerade eine kleine Schale füllte, die sich unerklärlicherweise gerade in seiner Hand befand. Erschreckt vernahm er eine vertraute Stimme. Als er aufblickte, sah er Vishnu, der sich auf einem schattigen Fleck in dieser unfruchtbaren Wüste ausgestreckt hatte. Weise lächelnd fragte Vishnu ihn neckend: „Süßer Narada, weshalb hast du so lange gebraucht?"

*

Sie waren die ganze Zeit weitergegangen. Jannis hatte mit atemloser Spannung der Erzählung gelauscht, hatte sich selbst und sein Schicksal in Narada wiedererkannt. Es war, als wüsste Dudjom von seinem Leid, als hätte er all seine schweren Gedanken und leidvollen Gefühle gelesen. Und für einen Augenblick erfasste Jannis die tiefe Erkenntnis, dass alles, was geschah, nur für ihn geschah. Das ganze Universum wirkte darauf hin, dass er diese Hürde überwinden sollte, dass er sich auf den Weg machen sollte, seiner wahren Bestimmung entgegen. Wenn er diesen Augenblick, der alles enthielt, was er je zu wissen brauchte, nur in seiner ganzen Fülle erfassen könnte. Aber das war mit den Gedanken nicht möglich, das Unbegreifliche zu verstehen, und doch wusste er, dass alles richtig war, so wie es war.

Tränen traten in seine Augen. In diesem Augenblick hörte Jannis auf, mit dem Schicksal zu hadern, hörte auf, dagegen anzukämpfen. Sein tränennasses Gesicht strahlte ein Einverstandensein aus mit dem Fluss des Lebens. Er betete im Stillen, dass ihn diese Erkenntnis nicht wieder verlassen möge. Er spürte die Hand Dudjoms auf seiner Schulter, drehte sich um und sah sein strahlendes Lächeln, sein Gesicht voll Mitgefühl und Freude. Und auch Jannis lächelte, immer noch unter Tränen, von denen er nicht wusste, woher sie kamen. Sie waren nicht mehr schwer, sondern schienen die Reste seiner schwermütigen Lähmung wegzuwaschen. Er las die Heiterkeit des Wissens in Dudjoms Gesicht, und für einen kleinen Augenblick wurde auch er davon erfasst. „Mir ist, als wäre ich gerade dabei, aus einem langen Schlaf aufzuwachen."

„Das Wort ‚schlafen' trifft genau unseren Zustand, Jannis. Deshalb heißt ja Buddha ‚der Erwachte'. Solange wir schlafen, wissen wir nicht, was die Wirklichkeit ist. Ich muss an die Geschichte eines Mönchs denken, der geträumt hatte, er sei ein Schmetterling. Als er aufwachte, sagte er: ‚Ich weiß nicht, ob ich ein Mensch bin, der geträumt hat, er sei ein Schmetterling, oder ob ich ein Schmetterling bin, der jetzt gerade träumt, er sei ein Mensch.‘ Der Traum ist eine andere Wirklichkeit als unser sogenannter Wachzustand. Aber er ist nicht mehr und nicht weniger wirklich.“

„Das erinnert mich an Experimente, die mit Hypnose gemacht wurden“, meinte Jannis. „Wenn man in einer Gruppe von Menschen einen unter Hypnose so umprogrammiert, dass er nur noch Menschen mit Glatzen sieht, halten alle anderen ihn für verrückt. Wenn man aber alle Menschen, bis auf den einen, so umprogrammiert, dass eben alle, bis auf ihn, nur Glatzen sehen, halten sie ihn wieder für verrückt und ihre eigene Sichtweise für die Wirklichkeit, zumal man ihren Tastsinn, sowie ihren Geruchs- und auch den Gehörsinn ebenfalls um-programmieren kann. Niemand kann dann mehr sagen, was die Wirklichkeit ist.“

„Das ist genau unser Zustand. Die Wirklichkeit zu erkennen, heißt erwacht zu sein.“

„Wird deshalb auf die Übung der Wachsamkeit in den Religionen so viel Wert gelegt?“

„Du sagst es. Die eiskalten Tauchbäder der Juden und Brahmanen, die Nachtwachen der christlichen Asketen und der Jünger Buddhas, die Übungen der indischen Fakire sind zwar heute vielfach erstarrte Riten, doch sie zeigen uns, dass es hier in früheren Zeiten einen Tempel des Erwachenwollens gab. Von nichts ist der Mensch so fest überzeugt, wie davon, dass er wach ist. Und doch gehen die meisten wie Schlafende durchs Leben auf den Tod zu: gleichgültig, stumpf, gedankenlos. Nicht-wissenwollen. In allen heiligen Schriften der Völker findest du die verborgene Lehre vom Wachsein. In eurer Heiligen Schrift ist es die Himmelsleiter Jakobs, der mit dem Engel des Herrn die ganze Nacht rang, bis es Tag wurde und er siegte. So müssen auch wir ringen, bis wir wach sind."

Jannis fiel der Traum ein, in dem ihm Elli erschienen war und ihm zugerufen hatte: „Du musst aufwachen!" Er erschien ihm jetzt in einem ganz anderen Licht. Konnte es sein, dass...?

Dudjom sprach indes weiter: „Die Menschen sind Schlafwandler, die glauben, sie seien Menschen und nicht wissen, dass sie schlafende und verhüllte Götter sind. Sie können die Wachen nicht begreifen. Sie glauben, dass mit Wachen das Wachhalten des Körpers während der Nacht gemeint ist, damit man beten oder meditieren kann. Wachen bedeutet aber ein Aufwachen des Selbst, das in uns schlummert. Und das hat sich gerade bei dir geregt, als du die Geschichte von Narada gehört hast."

* * *

Das Kloster im Himalaya

Die Vorbereitung

Sie hatten inzwischen die Hochebene längst hinter sich gelassen und gingen am Rand einer Geröllhalde entlang. Hier musste vor geraumer Zeit eine Lawine aus Felssteinen und Geröll abgegangen sein. Als sie halb um die Halde herumgegangen waren, bot sich ihnen plötzlich und unerwartet der Anblick des Klosters auf einem sanften Hügel ihnen gegenüber, der inmitten der schroffen Bergriesen wie ein verstecktes Nest wirkte. Jannis sah bunt gewürfelte Gebäude, manche aus Holz, andere aus Stein. Eine Mauer umgab nur bruchstückhaft den ganzen Komplex. Gebetsfahnen flatterten lustig im Wind, und mehrere Mönche, alle mit ihren traditionellen Gewändern bekleidet, waren mit irgendwelchen Arbeiten beschäftigt.

„Wir sind da", sagte Dudjom. „Komm, ich werde dich dem Abt vorstellen."

Klopfenden Herzens stieg Jannis an der Seite Dudjoms den Hügel hinauf. Die Mönche hatten sie inzwischen gesehen und einige liefen zusammen, um sie zu erwarten und zu begrüßen. Jannis hatte Dudjom nicht gefragt, aber es schien klar, dass er hierher gehörte. Er wurde mit besonderer Herzlichkeit begrüßt, und auch Jannis brachten die Mönche sehr viel herzliche Freundlichkeit entgegen. Dudjom schritt mit Jannis über den großen freien Platz, der von den Gebäuden umgeben wurde und steuerte auf ein flaches, sehr stabil wirkendes Holzhaus zu.

Der Abt war herausgetreten, und die beiden Mönche verneigten sich voreinander, während sie die Handflächen zusammengelegt hatten und in Kopfhöhe hielten. Der Abt begrüßte auch Jannis und zog sich dann mit Dudjom zurück, während ein junger Mönch, der unbemerkt hinzugetreten war, Jannis zur Küche brachte, an die ein großer Raum grenzte, der offensichtlich als Speiseraum diente. Jannis bekam ein einfaches Mahl und wurde von ein paar neugierigen Mönchen in Augenschein genommen und begrüßt. Einen Fremden hier zu sehen, und dazu noch einen Amerikaner, war schon etwas Außergewöhnliches. Nach einiger Zeit kam ein älterer Mönch herein und bedeutete Jannis, ihm zu folgen. Sie gingen wieder über den freien Platz, und Jannis sah, dass die Sonne im Begriff war unterzugehen. Langsam senkte sie sich hinter die Gipfel der Berge, die hoch im Westen aufragten. Dabei tauchte sie das ewige Eis in ein rötliches Licht, das der Bergwelt ein fast unwirkliches Aussehen verlieh. Noch nie hatte Jannis ein derart schönes Naturschauspiel gesehen. Auch die Mönche betrachteten schweigend den Sonnenuntergang. Ihm fiel der Satz ein, den Dudjom zu ihm beim Anblick der grandiosen Bergwelt gesagt hatte: ‚Ich sehe dein Antlitz, Herr, in deiner Schöpfung.'

Jannis bekam eine Pritsche mit Strohmatten als Lagerstatt und wurde dann allein gelassen. In dieser Nacht schlief er tief und ohne dass er sich daran erinnern konnte, geträumt zu haben. Erfrischt wachte er am nächsten Morgen auf, gerade als man nach ihm schauen wollte, um ihn zu wecken. Er kleidete sich an, wusch sich und trank etwas eiskaltes Wasser und wurde dann zum Abt gebracht.

Sein Name war Khyentse. Jannis schätzte ihn auf ungefähr sechzig Jahre, aber er war sich nicht sicher. Khyentse hatte keine Haare auf dem Kopf, seine Gesichtszüge waren weder weich noch hart, sondern hatten jenen festen

Ausdruck, der Menschen zu eigen ist, die in sich ruhen. Er schenkte Jannis und sich selbst eine Schale Tee ein und sagte rundheraus: „Dudjom hat mit mir über dich gesprochen, Jannis, und er hat mir von deinem Wunsch erzählt, uns zu finden. Was ist es, was du von uns möchtest?"

Jannis war überrascht. So direkt hatte er sich das selbst noch nicht gefragt und wusste folglich auch keine spontane Antwort. So begann er zu erzählen, was ihm widerfahren war, seit dem Unglück, das den Verlust seiner Familie und seines bisherigen Lebens bedeutete. Er erzählte von den Begegnungen, die er hatte, von den Einsichten und dem Wissen, mit dem er in Berührung gekommen war. Stück um Stück legte er vor sich selbst das Mosaik dar, das sich langsam zu seinem neuen Weltbild formte. Es ist wie ein Mandala, fiel ihm ein, aber es fehlte noch einiges, um ein Ganzes zu sein. Beim Reden wurde ihm klar, dass er sich auf dem Vorhof eines Weges befand, und dass er noch etwas brauchte, um diesen Weg, der sich schon abzuzeichnen begann, beschreiten zu können. Es war sein Platz in der Welt, den er verloren hatte und den er neu definieren musste. Seine Bestimmung und auch das Ziel seines Weges waren ihm noch unklar.

Der Abt hatte geduldig zugehört, und auch dieses Zuhören war eine Hilfe gewesen, wie damals bei dem Schamanen in Mexiko. Jannis spürte, dass seine Gedanken gut aufgehoben waren bei Khyentse, und er bemerkte, wie er allein durch das Erzählen Struktur in seine Gedanken bekam. Sie schienen von Khyentse wieder zu ihm zurückzukommen, inspiriert und zu neuen Gedanken geformt.

„Ich brauche Klarheit", sagte er schließlich. „Ich möchte von euch lernen, die wahre Bestimmung des Menschen, und damit meine eigene zu erkennen."

Der Abt nickte bedächtig. „Wir haben entschieden, dass du bei uns bleiben kannst, wenn das dein Wille ist."

„Und ob ich will", entfuhr es Jannis, der seinen Ausruf des Entzückens sogleich für unangebracht hielt. Doch Khyentse lächelte nachsichtig und schien sich mit Jannis zu freuen.

„Dudjom ist bereit, während deiner Anwesenheit bei uns dein Lehrer zu sein. Du musst ihm nur noch sagen, dass das auch dein Wille ist."

„Ich habe Dudjom schon zu schätzen gelernt und werde gern sein Schüler sein."

„Ich glaube, er ist der richtige Lehrer für dich. Du musst wissen, dass er nicht in allen Punkten unsere buddhistische Lehre teilt. Er ist ein Mystiker, das heißt, er hat mystische Erlebnisse und Einsichten, die den meisten Menschen verwehrt sind. Auch Dudjom lebt nur zeitweise bei uns, kommt aber immer wieder. Er war auch schon im Westen und ist sehr belesen, wie du sicher schon bemerkt hast. Oft aber zieht er sich in die Einsamkeit der Berge zurück und ist dann für niemanden erreichbar. Ab und zu verlässt er seine selbst gewählte Einsamkeit, um bestimmte Aufgaben zu erfüllen. Es sieht so aus, als wärst jetzt du seine Aufgabe."

Mit diesen Worten brachte Khyentse Jannis in einen Nebenraum, in dem Dudjom bereits wartete. Zu Jannis' Überraschung trug er das traditionelle Gewand der tibetischen Mönche. Sie begrüßten sich freudig und Khyentse ließ sie allein.

„Nun", begann Dudjom, „ist es dein Wille und bist du entschlossen, hier zu bleiben und zu lernen?"

„Es ist mein freier Wille, und ich bin fest entschlossen", antwortete Jannis, dem die ganze Szene merkwürdig steif und förmlich erschien. „Ich verstehe nur nicht, wieso ihr so viel Wert auf meinen Willen legt."

„Der Mensch ist ein Mitarbeiter Gottes, ausgerüstet mit einem freien Willen. Er kann sich entscheiden: für eine Mitarbeit oder dagegen. Ohne diesen freien Willen käme die Mitarbeit des Menschen am göttlichen Plan einem bloßen Automatismus gleich, und das wäre in unserer polaren Welt absurd."

„Woraus besteht die Mitarbeit des Menschen?", wollte Jannis wissen.

„Sie besteht in der Pilgerfahrt des Ich zum Selbst und letztlich in der Identifikation des Ich mit dem Selbst. Das ist gleichbedeutend mit der Selbsterkenntnis Gottes. Das ist das Ziel des Menschen – aus der Sicht des Göttlichen. Aus der Sicht des suchenden Menschen ist das Ziel zunächst die Erlösung vom Leiden, von Angst, kurz von allen Übeln. Wenn ich sage, von allen Übeln, meine ich damit auch die Erlösung von der Sünde, denn die Sünde ist nichts anderes als das Sonder-sein, das Gesondert-sein, das Entfernt-sein von Gott, das Nicht-wissen-wollen vom geistigen Weg. Und diese Sünde ist es, die uns durch Anhäufung schlechten Karmas neues Leiden bringt.

Der Mensch sehnt sich eigentlich nach mehr als nach der Erlösung vom Leiden. Er sehnt sich nach dem absoluten, unvergänglichen Glück, das Verstehen aller Dinge, das, was ihr das Paradies nennt. Der Mensch sehnt sich, meist uneingestanden, nach Gott."

Dudjom schien vorauszusetzen, was Jannis auf seinem Weg hierher bei seinen verschiedenen Begegnungen schon gelernt hatte. Andernfalls, dachte sich Jannis, hätte er jetzt nicht folgen können, und er wunderte sich. „Aber wie kann ich dieses Ziel erreichen?" fragte er.

„Zum einen bedarf es eben deines Willens und deiner Anstrengung, den Heilsweg zu beschreiten, zum anderen bedarf es der Unterstützung durch die göttliche Gnade. Schon die Anleitung, auf welche Art und Weise dieser Weg beschritten werden soll, geschieht durch Gnade. Ohne sie wäre der Mensch richtungslos und ratlos. Das gilt auch für die vielen Begegnungen, die du auf deinem Weg hierher hattest. Kennst du die Bedeutung deines Namens, Jannis?"

„Nein." Jannis schüttelte den Kopf.

„Wie unterschiedlich er auch immer in den verschiedenen Sprachen lautet, Johannes, Jannis, John und so weiter, er bedeutet: Gott ist gnädig. Kein Mensch gerät durch Zufall auf den Heilsweg, denn wir sollen Gott suchen. Das ist der Motor für unsere geistige Entwicklung. Die Suche nach Gott ist die eigentliche Ursache des Lebens. Sie ist das wahre Leben. Zu diesem Zweck sind wir auf der Welt. Das Ziel aber wird letztendlich nur durch die Gnade erreicht."

„Ist nicht der Weg, den der Mensch zu beschreiten hat, schon verkündet worden?"

„Gewiss. Die Heilsbotschaft ist nicht nur einmal, sondern immer wieder verkündet worden, von verschiedenen Gesandten in verschiedenen Kulturkreisen, zu verschiedenen Zeiten und an verschiedenen Orten. Nach der christlichen Lehre ist Gott, beziehungsweise das Wort Gottes, der Logos, selber Fleisch geworden, um in der Gestalt Jesu Christi die Heilsbotschaft zu verkünden. Im Hinduismus nimmt Krishna aus demselben Grund wiederholt Menschengestalt an, und im Buddhismus ist es Buddha, der zu diesem Zweck stets von neuem in der Welt der Lebewesen entsteht. Aber die meisten Menschen tun das als alten Kram vergangener Zeiten ab, der in ihrer Welt nichts mehr zu suchen hat, oder sie führen intellektuelle Streitgespräche darüber. Das Beschreiten des Heilsweges stellt jedoch höhere Ansprüche an den Menschen. Es bedeutet den Nachvollzug des Lebens und Handelns der Religionsstifter. Vollendete Menschen, die den Weg gegangen sind, wissen, dass ihr Weg zu Gott führt. Deshalb sollen wir ihnen nachfolgen."

Jannis unterbrach ihn: „Auch Christus hat gesagt, wir sollen vollkommen werden wie der Vater in Himmel. Das erscheint mir einerseits wie eine Utopie, andererseits wie Anmaßung."

„Das ist es nicht, sondern es ist das anzustrebende heilige Ziel. Zwar werden es die wenigsten Menschen im Laufe ihres irdischen Daseins erreichen, doch allein das Beschreiten des Heilsweges, das Bemühen um der Sache Gottes willen bedeutet, dass das Leben mit Sinn erfüllt ist. Es ist gleichgültig, was andere Menschen über religiöse Erfahrungen denken. Demjenigen, der sie gemacht hat, sind sie eine Quelle von Sinn und Leben."

Jannis begann, am klösterlichen Leben teilzunehmen. Er arbeitete und aß mit den Mönchen und lernte langsam ein paar Sprachbrocken. Einigen jungen Mönchen, die nicht englisch sprachen, brachte er im Gegenzug ein bisschen von seiner Muttersprache bei. An einigen Zeremonien durfte er als Zuschauer teilnehmen, an anderen überhaupt nicht. Die Gebete verrichtete er gemeinsam mit den Mönchen und auch das Singen der Mantras. Bei den Meditationsübungen leitete ihn Dudjom an, mit dem ihn bald eine tiefe Zuneigung verband. Dudjom war ein echter Lehrer. Der Reichtum seines Wissens und die Fähigkeit sich auszudrücken schienen unbegrenzt. Er war ein strenger Lehrer, aber voller Mitgefühl und in allem, was er verlangte, ein echtes Vorbild. Einer, der ein großes Stück Weg schon gegangen war.

„Dudjom, sag mir, was sind die Voraussetzungen, um auf den Heilsweg zu gelangen?"

Dudjom wog seine Worte genau ab, bevor er sprach. „Du kannst sie in drei Begriffen zusammenfassen: Nicht-Haften, Reinheit des Herzens und Demut."

„Heißt Nicht-Haften, dass man auf jeden Besitz verzichten und in Armut leben soll?"

„Nein, es bedeutet, dass du dich nicht an Dinge, an Personen und an Begierden klammern sollst. Du sollst ihnen den angemessenen, das heißt den untergeordneten Stellenwert beimessen, dann brauchst du auf nichts zu verzichten. Du wirst von allein auf Überflüssiges keinen Wert mehr legen. Schließlich soll man den Dingen nicht nachjagen. Der höchste Mensch gebraucht sein Herz wie einen Spiegel. Er spiegelt die Dinge wider, aber er hält sie nicht fest. Darum kann er die Welt überwinden, und er wird nicht verwundet. Bis aufs Letzte nimmt er entgegen, was der Himmel gibt und hat doch, als hätte er nichts. Denn er weilt jenseits des Ichs."

„Wie ein Brunnen, der selbstlos gibt, was er bekommt," ging es Jannis durch den Kopf.

Und Dudjom fuhr fort. „In eurer Religion heißt es: ‚Was hülfe es dem Menschen, wenn er die ganze Welt gewänne und nähme Schaden an seiner Seele?' Du siehst also, welchen Stellenwert die materielle Welt hat."

„Einen untergeordneten", antwortete Jannis. „Was meinst du genau mit ‚Reinheit des Herzens'?"

„Es ist das Fehlen von schlechten oder bösen Gedanken und von negativen Gefühlen. Auch wenn man nichts Böses getan hat – glaubst du, dass ein geiziger, missgünstiger, neidischer, arglistiger Mensch das göttliche Ziel erreichen kann? Jemand, dessen Herz vielleicht von Eifersucht, Hass oder Rachegedanken erfüllt ist oder von unkontrollierten Leidenschaften?"

„Nein", erwiderte Jannis. „Das kann ich mir nicht vorstellen. Aber was ist mit dem letzten Punkt gemeint, der Demut? Heißt das, dass ich unterwürfig sein soll?"

„Demut ist in erster Linie die Haltung, die der Mensch Gott gegenüber einnehmen soll. Unterwürfig sind ich-hafte Menschen, und ihre Unterwürfigkeit ist ein Ausdruck von Angst. Vielleicht ist Demut das Gegenteil von Hochmut. Hochmut und Macht sind ganz sicher Hindernisse auf dem Weg zum Heil. Die Demut gegenüber Gott soll sich im Verhältnis zu anderen Menschen und zu deinem Schicksal bewähren. Wenn du ernsthaft einen Heilsweg beschreitest, wirst du dir deiner

Unvollkommenheit schnell bewusst und auch deiner Nichtigkeit gegenüber dem Göttlichen. Wie könntest du dann anders als demütig sein? Gerade ich-hafte Menschen können nicht demütig sein, denn ihr Stolz und die Erhöhung ihres Ichs stehen ihnen im Weg. Aber das Ich muss den Heilsweg beschreiten, nicht das Selbst, und darum ist die Demut eine Not fürs Ich."

Jannis beschloss, auf diese drei Voraussetzungen seine Aufmerksamkeit zu richten und sie zu üben. Das Nicht-Haften schien ihm noch die leichteste Übung zu sein. Er hatte ja nichts mehr, an dem sein Herz hing, selbst sein Leben war er bereit gewesen wegzugeben. Aber dann fiel ihm auf, dass er begann, mit Beharrlichkeit ein Ziel zu verfolgen, und ihm war nicht ganz klar, inwiefern das nicht auch schon Anhaften war. Jedenfalls hatte er das sichere Gefühl, an genau dem richtigen Ort zu sein, um diese Dinge zu üben.

Nach mehreren Wochen, die Jannis mit Arbeit, meditativen Übungen und mit vielen Gesprächen mit Dudjom verbracht hatte, sprach dieser ihn eines Morgens unvermittelt an. „Die meisten Fragen, die du mir stellst, betreffen den Heilsweg. Du suchst dabei deinen eigenen Weg in der Fülle der Möglichkeiten. Inzwischen hast du so viel gelernt, dass du es eigentlich schon selber weißt. Um das Ziel zu erreichen, das heißt, die Offenbarung des jedem Menschen innewohnenden göttlichen Selbst zu offenbaren, gibt es vier Pfade, die du auf dem Heilsweg beschreiten kannst. Höre, was ich dir von den vier Pfaden erzähle.

Der erste ist der Pfad der Tat. Eine Tat bewirkt dann Gutes, wenn sie zum Wohl des Mitmenschen beiträgt. Gutes tun ist vor allem Dienst am Nächsten. Da der

Mensch in seinem Wesenskern, dem Selbst, göttlich ist, ist Dienst am Menschen auch Dienst an Gott. Aber es soll nicht nur Gutes mit Gutem vergolten werden. Der Buddha sagt: ‚Bezwinge den Zorn durch Nichtzürnen, durch Gutes besiege den Bösen; den Geizigen überwinde durch Gaben und den Lügner durch Wahrheit!' Du wirst merken, dass eine derartige Lebenseinstellung eine Bereicherung darstellt und dir selbst Glückseligkeit beschert. Allerdings muss man sich dabei vor Selbstgefälligkeit hüten. Der Pfad der Tat stellt eine entscheidende Bedingung an denjenigen, der ihn begeht: Man darf gute Werke nicht deshalb tun, damit man selber davon Nutzen hat, Belohnung oder Anerkennung, gutes Karma oder einen guten Platz im Himmel, wie ihr sagen würdet. Denn dann wären alle Anstrengungen, auf dem Heilsweg voranzukommen, zunichte gemacht. Man soll sich ausschließlich auf die Tat konzentrieren und sich nicht um die Früchte kümmern.

Es kommt auf die innere Wandlung an, die sich bei dieser Art, Gutes zu tun, vollzieht. Die Wünsche und Begierden des Ich treten nach und nach völlig in den Hintergrund und das Selbst ergreift von seinem Wesen immer mehr Besitz, bis man schließlich irgendwann die vollkommene Ichlosigkeit erreicht hat. Das Wort ‚Selbstlosigkeit', das im Westen in diesem Zusammenhang oft gebraucht wird, ist hier unpassend. Das Ich muss dabei nicht völlig ausgelöscht werden, es repräsentiert ja unsere Individualität, aber es muss in den Dienst des Selbst treten, weil das Selbst mit Gott eins ist. Nicht ‚Ich will', sondern ich will, dass ‚Dein Wille geschehe', wie es in eurem großen Gebet des ‚Vater unser' heißt.

Der zweite Pfad, der zum Heil führt, ist der Pfad der Liebe zu Gott. Diese Liebe darf natürlich nicht in Fanatismus ausarten. Gott ist der Alleinige und wird in allen Religionen anders verehrt. Wichtiger als die sture Befolgung der Vorschriften der verschiedenen Kirchen ist die Liebe zu ihm. Die Liebe zu Gott beginnt bei der Liebe zum Mitmenschen. Es gibt keine Gottesliebe ohne Nächstenliebe. Es gibt keine Chance, je zur Erkenntnis des Selbst zu gelangen, ohne das Selbst, das in allen Wesen ist, zu lieben, beziehungsweise die Wesen zu lieben, weil in ihnen dasselbe göttliche Selbst wohnt. Hätten die Menschen diese mystische Wahrheit wirklich begriffen, dass in allen Menschen, auch im Feind, dasselbe Selbst ist, das nichts anderes ist, als Gott, dann wäre es eine Selbstverständlichkeit, Gutes zu tun und alle Wesen zu lieben wie sich selbst.

Was die Menschen aber am meisten liebhaben, ist ihr Ich. Aber – wir alle beginnen mit Selbstliebe, und das kleine Ich mit seinen unbilligen Ansprüchen macht sogar die Liebe selbstsüchtig, bis am Ende der helle Strahl des Lichts hervorbricht, in dem das kleine Ich eins geworden ist mit dem Unendlichen. Den Menschen selber verklärt dieser lichte Glanz der Liebe, und er wird der herrlichen Wahrheit inne: Liebe, Liebender und Geliebter sind eins. Ein von Gottesliebe erfüllter Mensch ist in Gott, und Gott ist in ihm, denn Gottes innerstes Gesetz ist die Liebe, Gott ist Liebe.

Der dritte Pfad auf dem Heilsweg ist der Pfad der Erkenntnis. Damit ist nicht gemeint, dass ich Erfahrungen durch meinen Verstand bearbeite und dann zu Erkenntnissen gelange. Um zu höherem Wissen zu gelangen, bedarf es eines anderen Erkenntnisprozesses.

Wir müssen erkennen, was wir wirklich sind. Um das höchste Gut, das Gotteserlebnis, zu erlangen, müssen wir die Grenzen der Sinne und Gedanken überschreiten. Solange wir die Welt als solche sehen, bleibt sie für uns die Welt, aber sobald wir sie als Gott fühlen, wird sie Gott für uns sein. Wenn wir in diesem Sinne alles betrachten, Eltern, Kinder, Ehegatten, Freunde und Feinde, würde sich die Welt verwandeln, weil wir sie bewusst mit Gott ausfüllen. Das setzt einen Glauben voraus, der Wissen überhaupt erst möglich macht. Es war ein westlicher Gelehrter, Anselm von Canterbury, der den Satz geprägt hat: ‚Ich glaube, um zu erkennen.'

Um zu Erkenntnissen zu gelangen hast du viele Hilfsmittel: Heilige Schriften, Texte von Mystikern und die Unterweisung durch einen geistlichen Lehrer. Aber bedenke: Mitgeteilte Wahrheit nützt nichts, wenn sie nicht selber erfahren wird und wenn sie nicht selber gelebt wird. Werde und lebe das Wissen, das du hast; dann ist dein Wissen der lebendige Gott in dir! Wissen, das nur von außen kommt, nützt nichts und es macht dich manchmal klein. Aber Wissen, das auch von innen kommt, sagt dir, dass du alles bist. Denn es gibt zweierlei: Wissen und Sein. Es ist leicht, die Wahrheit zu wissen, aber schwer, Wahrheit zu sein. Nicht im Wissen erfüllt sich der Zweck des Lebens; er erfüllt sich dadurch, dass man Wahrheit ist. Und noch eins musst du bedenken: Es gibt keine höhere Erkenntnis ohne Selbsterkenntnis."

Jannis dachte an die Inschrift am Apollotempel in Delphi:

„Gnothi seauton – Erkenne dich selbst."

„Die Selbsterkenntnis ist der Schlüssel zur Erkenntnis Gottes", fuhr Dudjom fort. „In Wahrheit bist du immer mit

Gott vereint. Jedoch musst du es wissen. Nichts anderes ist wert, gewusst zu werden. Ein berühmter Meister hat einmal gesagt: ‚Wir müssen uns von dem üblen Traum befreien, wir seien Körper. Wir müssen die Wahrheit erkennen: Ich bin Er.' Wir sind nicht die Tropfen, die in den Ozean fallen und sich dort verlieren. Jeder einzelne ist der ganze unendliche Ozean, und jeder einzelne, der die Täuschung erkannt hat, wird es erfahren. Das Unendliche ist unteilbar; es kann kein Zweites neben sich haben, denn alles ist dieses Eine. Alle werden dieses Wissen erlangen, aber wir sollten darum ringen, es jetzt zu erreichen, denn erst, wenn wir es haben, können wir der Menschheit wahrhaft dienen. Der Pfad der Erkenntnis führt zum Heilsziel, weil Gott nicht nur die Liebe, sondern auch das Wissen ist."

Jannis erinnerte sich. Gottes Gestalt besteht aus Sein – Wissen – Glückseligkeit.

Dudjom sprach weiter: „Und so, wie der Pilger auf dem Pfad der Liebe am Ende erfährt, dass der Liebende, der Geliebte und die Liebe eins sind, so wird der Pilger auf dem Pfad der Erkenntnis erfahren, dass der Erkennende, die Erkenntnis und der Erkannte, nämlich Gott, eins sind.

Der vierte Pfad ist der Pfad der Verinnerlichung. Es ist hundertmal besser, über die Wahrheit Gottes nachzusinnen, als nur aus den Schriften davon zu hören. Noch hunderttausendmal besser als Überlegung ist Meditation. Doch können nur wenige wahrhaft meditieren. Diese Meditation ist viel mehr als Ruhe und Entspannung. Es gibt eine Kraft der Seele, die so edel ist, dass sie Gott in seinem Sein erfasst. Diese Kraft, die aus der Tiefe der Psyche kommt, soll die Mauer durchbrechen, die unser Ich vom Selbst trennt. Diese Kraft gilt es in der Meditation zu finden und freizusetzen.

Das sind die vier Pfade, die zum Heil führen. Erreiche das Ziel durch einen, oder einige oder alle – und sei frei. Das ist das Gesetz der Religion. Lehrsätze oder Dogmen oder Riten oder Bücher oder Bräuche oder Tempel sind nur nebensächliches Beiwerk."

Dudjom hatte zu Ende gesprochen. Die beiden Männer saßen sich gegenüber auf dem Fußboden eines großen leeren Raumes, der im Halbdunkel lag. Auch Jannis rührte sich nicht und ging in Gedanken dem eben Gehörten noch einmal nach. Vieles, von dem er schon gehört hatte, wurde in ihm angetönt, manches war neu für ihn. Alles, was er gehört hatte, war wunderbar klar. Nach einer geraumen Zeit unterbrach er mit einem tiefen Seufzer das Schweigen. „Wenn ich mich für einen von den vier Pfaden entscheiden sollte, ich glaube, ich könnte es nicht."

„Gut gesprochen und gut gedacht", erwiderte Dudjom. „Jemand, der es wirklich ernst meint mit seinem Bestreben auf dem Heilsweg, wird erkennen, dass alle vier Pfade miteinander verwoben sind. So kann man zum Beispiel nicht Gutes tun, ohne zu lieben, und man kann nicht lieben, ohne Gutes zu tun. Die Gotteserkenntnis aber ist das Ziel aller Heilswege, deshalb treffen sie sich an ihrem Ende. Aber vergiss nicht: Ohne die göttliche Gnade ist das Ziel nicht zu erreichen. Sie kann schon in einer kleinen Hilfe bestehen, einem Hinweis oder einer Begegnung zur rechten Zeit. Ohne sie käme nicht einmal der Entschluss zustande, einen Weg zum Heil zu beschreiten."

Die Bestimmung

Jannis lebte nun schon ein halbes Jahr in dem Kloster. Er hatte sich in den Rhythmus des klösterlichen Lebens eingelebt, hatte Freundschaften geschlossen, hatte mit den Mönchen geredet, gelacht und gearbeitet. Und es hatten sich auch alte Gewohnheiten wieder gemeldet. Manchmal ertappte er sich dabei, wie er darauf bedacht war, bei einer Arbeit nicht mehr zu tun als die anderen auch. Erschrocken bemerkte er, wie Gefühle und Emotionen an seine Tür pochten, die ihn schon lange nicht mehr berührt hatten: Neid, Ungeduld, manchmal Ärger oder Wut. Sogar Missgunst und Eifersucht versuchten sich einzuschleichen, wenn er sich einsam fühlte und Dudjom seine Aufmerksamkeit anderen schenkte.

Was passierte da? Er stärkte wieder sein Ego! Er schloss sich vom Ganzen aus, trennte sich ab. Mit einem Mal fühlte er, dass das Ego tatsächlich die Barriere war, die er zwischen sich und der Welt errichtet hatte, die ihn vom Ganzen trennte. Das Ego war wie ein Kokon, in den er sich zurückzog und der bestimmte, wie er die Welt erlebte. Wenn man ihn nicht durchschaute, war man in ihm gefangen. Und er legte einem ständig Schlingen, in denen man sich verfangen konnte: Neid, Geiz, Eifersucht und so weiter. Und alle resultierten nur aus Begehren oder Ablehnung. Immer wieder stolperte er in diese Schlingen, obwohl er wusste, was das Mittel war, um diesen Kokon aufzulösen, um an einem größeren Seinsgefühl teilzuhaben, in dem Wissen, dass er und alles andere Teil eines Ganzen war: die Liebe. Die einfühlende und mitfühlende Liebe.

Jannis seufzte. Wieso war er nur so schwach und tappte immer wieder in dieselben Fallen? Er schaute zurück und erinnerte sich an seine bisherigen Begegnungen und Erkenntnisse. Sie hatten ihn befähigt, die Fallen und Schlingen überhaupt erst zu sehen, die sein Ego ihm legte, und dankbar bemerkte er, dass er sich selber aus ihnen befreien konnte. Er musste nur wollen.

Und wieder war ihm klar, dass alles, was geschah, nur für ihn geschah. Alles zeigte ihm nur, woran er noch zu arbeiten hatte, an sich, in seinem Innern – nicht im Außen. Er war froh, in Dudjom einen so wunderbaren Lehrer zu haben, der ihn liebevoll, aber auch streng in seinen Ansprüchen und mit nie endender Geduld bei seiner spirituellen Arbeit unterstützte und anleitete. All seine ‚Lehrer', denen er begegnet war, und seine gewonnenen Einsichten hatten ihm ein neues Weltbild erschlossen, das aus den Trümmern seines alten aufgestanden war. Er liebte diese Menschen und diesen Ort. Trotzdem spürte er, dass in ihm noch eine Kraft war, die ihn vorwärts drängte, die ihn noch nicht zur Ruhe kommen ließ.

In solche Gedanken versunken trat eines Morgens der Abt zu ihm und lud ihn auf einen Spaziergang ein. „Du lebst nun schon ein halbes Jahr mit uns, Jannis, und ich habe dich in mein Herz geschlossen. Wie hast du die Zeit gefüllt, die du bei uns verbracht hast?"

Jannis überlegte nur kurz, bevor er antwortete: „Ich habe mit euch gearbeitet und an mir, ich habe versucht, alle Wesen mit Liebe zu betrachten und ich habe viele Wahrheiten gehört und gelernt."

Khyentse nickte und antwortete: „Das waren die Dinge, die du gebraucht hast, als du zu uns gekommen bist, um gesund zu werden. Das Instrument für die Gesundheit des Körpers ist Arbeit – das ist der Weg. Das Instrument für die Gesundheit der Seele ist die Liebe – das ist das Leben. Das Instrument für die Gesundheit des Geistes ist die Wahrheit. Der Gottessohn in eurer Religion hat es euch als Vermächtnis hinterlassen, indem er sagte: ‚Ich bin der Weg, die Wahrheit und das Leben.' Er war vollkommen und vollendet. Er hatte sein Ich mit dem Selbst vereinigt und konnte deshalb sagen: ‚Niemand kommt zum Vater, denn durch mich.' Wenn ein Gottessohn ‚Ich' oder ‚mich' sagt, ist natürlich sein göttliches Selbst gemeint, mit dem er sein Ich schon vereint hat.

Aber das zu sagen ist nicht der Grund, warum ich zu dir komme. Du warst jetzt lange genug bei uns, um eine Entscheidung zu treffen, was du mit deinem weiteren Leben anfangen willst. Du musst eine echte Entscheidung fällen und das musst du alleine tun. Dazu bedarf es eines echten Helden."

Jannis lächelte schief. „Woran erkennt man einen Helden?"

„Helden, mein Sohn, sieht man kaum und spürt man überall. Es ist der, der mit seinem Willen auf das Göttliche gerichtet, im Wissen um das Polare in der Welt tagtäglich zwanglos entscheidet. So er entscheidet, braucht er Klarheit, und die Wurzel der Klarheit heißt Ruhe. Ruhe gründet in Vertrauen. Vertrauen aber heißt Wissen – Wissen um das Wesen und Wirken des Heiligen. Wer von diesem Licht erhellt ist und seinen Weg zu Gott geht, der ist ein Held."

Jannis sah eine Weile stumm vor sich hin. Dann sagte er unvermittelt: „Ich spüre auch, dass ich eine Entscheidung treffen muss. Es ist nicht gut, wenn ich einfach so weiterlebe, weil es mir gerade gut tut, ohne dass ich Klarheit habe, wohin mein Leben führen soll."

„Ich habe gespürt, dass dich diese Entscheidung bedrängt", erwiderte Khyentse, „und Dudjom hat es längst gewusst. Siehst du den vordersten Berg, der sich dort im Osten erhebt? Er ist nicht schwer zu besteigen. Du kannst es in etwas mehr als einem halben Tag schaffen. Dort oben ist eine kleine, aber stabile Hütte an einer geschützten Stelle, die dir Dudjom noch genau beschreiben wird. Feuerholz ist dort vorhanden und Proviant nimmst du mit. Dort wirst du hingehen und eine Entscheidung fällen, denn die Zeit ist reif."

„Ich werde heute noch gehen", beeilte sich Jannis zu sagen und war in Gedanken schon unterwegs.

„Aber bedenke die Größe deiner Entscheidung, wenn du dort oben bist. Denn wisse: Der Mensch ist nicht zum Scherz und für nichts erschaffen, sondern hoch ist sein Wert und groß seine Würde. Du weißt doch, wodurch der Mensch seine Würde erhält?"

„Durch das Selbst, das Göttliche im Menschen", antwortete Jannis. „Schon früher war mir klar, dass der Mensch aus Leib, Seele und Geist besteht. Aber erst jetzt ist mir richtig klar geworden, was das eigentlich bedeutet; dass mit Geist nicht der menschliche Verstand gemeint ist, sondern der göttliche Geist. Der Verstand gehört zum Leib, beide sind vergänglich. Die Seele ist wandelbar, der Geist aber ist ewig."

„Und Gott ist im Geist", fiel Khyentse ein, „der Geist ist in der Seele, die Seele ist in der Materie und dies alles durch die Ewigkeit." Khyentse legte seine rechte Hand auf Jannis' Kopf und segnete ihn. „Geh auf den Berg", sagte er noch, „und komm wieder."

Jannis brauchte nicht lange um loszumarschieren. Er hatte sich geeignete Kleidung und Schuhe angezogen und einen Rucksack mit Proviant bepackt. Auch zwei handgeschriebene, einfach gebundene Bücher in englischer Sprache nahm er mit, die Dudjom ihm schon vor ein paar Wochen gegeben hatte. Jannis ließ sich den Weg erklären, verabschiedete sich von seinem Lehrer und ging los.

Der Aufstieg stellte keine besonderen Anforderungen, war aber dennoch sehr anstrengend. Mehrmals musste er Schneefelder überqueren, und einmal musste er eine steile und enge Klamm hinaufklettern. Erschöpft erreichte er kurz vor Sonnenuntergang die Hütte. Sie lag auf einer winzigen Plattform, an die Felswand geschmiegt, die sich noch weiter hinauf in schwindelnde Höhe erhob. Wie eine kleine Terrasse erstreckte sich ein freier Platz vor der Hütte, an deren Rand die Felsen steil abfielen.

Wieder konnte Jannis dieses atemberaubende Schauspiel des Sonnenuntergangs inmitten der rötlich angestrahlten Bergriesen genießen. Doch noch nie hatte er sich so unendlich klein gefühlt. Er, dieses winzige Menschlein, völlig allein in der Bergwelt, deren Gipfel ihn anzuschauen schienen und sich über ihn wunderten. Kein Tier war zu hören, keine Pflanze zu sehen. Er war allein. Erschöpft bereitete er sich ein Lager, aß etwas von dem Proviant und legte sich dann zum Schlafen hin. Seine Gedanken, die in einem wilden, ungebändigten Strom auf ihn einstürmten, hinderten ihn jedoch am Einschlafen, und so gab er den Wunsch zu schlafen auf.

Eingewickelt in Decken saß er am Fenster und schaute in die klare Nacht hinaus. Der helle Mond verlieh den Bergen fast ein silbernes Licht, und die Schatten, die manchmal von einer Wolke auf einen der Bergrücken geworfen wurden, zeigten ihm ihr wechselhaftes Pantomimenspiel. Wenn der Mond frei von Wolken war, schien sein von der Sonne geliehenes Licht stark genug, dass Jannis lesen konnte, und so blätterte er in dem Buch, das er im Kloster schon mal gelesen hatte. Vor sich hatte er eine Kerze gestellt und sie angezündet, und ihr warmes Licht bildete einen merkwürdigen Gegensatz zu dem kalten Licht, das der Mond hereinwarf.

Jannis hörte auf irgendeiner Seite auf zu blättern und begann zu lesen: ‚Das Leben hat letztendlich keinen anderen Sinn, als den Sinn Gottes, und der für die Lebensweise maßgebende Kompass ist das im innersten Kern des Menschen wirkende göttliche Gesetz, welches in seiner letzten Erfüllung die Liebe ist. Die göttliche Liebe kann nirgendwo anders hinführen als zu Gott selbst.'

Jannis schaute auf und ließ seinen Blick nach draußen schweifen, während er über das Gelesene nachdachte. „Wenn mein Leben seinen Zweck erfüllen soll, dann muss meine Beziehung zur Welt Liebe sein. Das ist die Voraussetzung dafür, dass meine Seele aufwärts streben kann, vom Ich zum Selbst. Dieses Aufwärtsstreben hat die Selbsterkenntnis Gottes zum Zweck, es ist sein Blick in den von ihm selbst geschaffenen Spiegel, wozu die Schöpfung erzeugt wurde. Hier liegt das Geheimnis vom Sinn des menschlichen Lebens und von seiner Bestimmung."

Jannis nahm sein Buch wieder hoch und las weiter. ‚Das Ziel ist erreicht, wenn die Seele zum Selbst gefunden hat, wenn die Seele Gott erkennt. In diesem Moment erkennt Gott durch sein Ebenbild Mensch sich selbst. Die Seele hat dafür mehr als ein Erdenleben zur Verfügung.'

Das war der Satz, mit dem sein westlicher, wissenschaftlich geschulter Verstand am längsten gekämpft hatte. Aber auch diesem Kampf war er nicht ausgewichen, sondern er hatte gerungen. Wenn die Seele die Fähigkeit besitzt, nach dem leiblichen Tod noch weiter zu existieren, wird man sich unschwer auch vorstellen können, dass sie nicht erst bei der Geburt oder bei der Zeugung entsteht, sondern schon vorher existiert hat. In irgendeiner Phase der Entstehung eines neuen Menschenlebens wird sie sich dann mit dem Leib verbinden und ein Menschenleben lang mit ihm verbunden bleiben. Und niemand konnte bisher eine Antwort darauf geben, wieso sie das eigentlich nur einmal können soll. Für Jannis hatte sich diese Frage erübrigt. Und so verlor der Tod seinen Schrecken. Der Tod ist einfach das Verlassen der einen Existenzform und der Eintritt in eine neue.

Während Jannis immer tiefer in seine Gedanken versank und in das Licht der Kerze schaute, verlor sich sein Blick im Ungreifbaren. Er sah nicht mehr das Buch auf seinen Schenkeln, nicht das Mondlicht und nicht die Kerze. Bilder entstanden vor seinem inneren Auge, die sein äußeres Sehen einfach bedeckten. Die Gesichter seiner Kinder tauchten auf und das seiner Frau, Elli. Er sah sein eigenes Gesicht, sich gegenüber, wie er sich selbst ansah, sah sich gleichzeitig als Kind, als Säugling, eben geboren. Und weiter, als junger Mann mit Tatendrang, der sich in seinen Zügen spiegelte, als Mann, der er selbst gerade war und weiter; er sah sein Gesicht als alter Mann, als Greis, weißhaarig zunächst und dann ohne Behaarung und auch – oh Gott – als Totenschädel. Das war er, und er spürte, wie er einen neuen Raum betrat, und er hörte sich selber sagen: „Schau mich an, oh Gott, der ich eben geboren! Eben geboren! Eben geboren!"

Er sah andere Gesichter, eine endlose Kette. Säuglinge, Kinder, Männer und Frauen, Menschen jeden Alters, Greise und immer wieder... War das er? Er konnte es nicht sagen, aber er wusste mit nie gekannter Sicherheit: Gott lässt das Lebendige hervorgehen aus dem Toten und lässt das Tote hervorgehen aus dem Lebendigen. Tod und Geburt gab es nur für den Körper, für die Seele aber gibt es keinen Tod. Die letzte Geburt aber ist die Geburt in Gott. Und er sah und wusste und spürte und fühlte mit alles erfüllender Gewissheit: Alle Seelen erreichen das Ziel. Etwas anderes wäre weder mit der Allmacht Gottes vereinbar, noch mit dem göttlichen Gesetz der Liebe. Keines seiner Schafe gibt Er verloren. Nur die Wege sind unterschiedlich, länger oder kürzer, schwerer oder leichter.

Er sah nun andere Gesichter: seine Eltern und Großeltern, Freunde und Bekannte und andere Menschen, ihm völlig unbekannte, tausende, ungezählte. Er sah, wie sie im Strom des Lebens dahinschwammen, ihrer Vollendung entgegen, manche sich aufbäumend gegen ihr Schicksal, immer und immer wieder im selben Leid verstrickt, andere hingegeben, leicht und ohne Krampf dahinschwimmend, dem großen Ziel entgegen. Er sah sich selber mitten im Strom, fühlte sich eins mit ihm, mit der Welt. Er fühlte, er konnte die Menschen lieben, nicht um ihrer selbst willen, sondern um des Göttlichen willen, das in ihnen wohnt.

Er nahm wahr, dass jede Individualität nur Ausdruck des Egoismus ist. Und solange das Ich nur einen kleinen Rest davon hat, kann die Seele nicht eins werden mit dem Selbst und mit dem Absoluten. Das Elend des Menschen bestand ja darin, eine Persönlichkeit sein zu wollen, die ihn von allen anderen abhebt, ohne sich dessen bewusst zu sein, dass in ihrem innersten Wesenskern alle gleich sind, gleich göttlich. Eine Persönlichkeit wird nie den Sinn des Lebens finden und auch nicht den Seelenfrieden.

Die Menschen wollen die Wahrheit vielleicht manchmal hören, von ihr kosten, aber sie wollen die Wahrheit nicht sein. Und auch das wurde ihm klar, dass auch das nur eine Täuschung war, zu Maya gehörte. Man war sich nur nicht bewusst, dass man eins war mit Gott. Unser Verstand kann es nicht anders denken, als dass wir auf dem Weg sind zu ihm. Aber er sah es ganz anders. In jedem Menschen ist jetzt und heute schon Gott. Die Welt ist in jedem Augenblick vollkommen. Die Menschen schlafen nur und haben ihr göttliches Wesen mit ihrem Ich verhüllt, das sie auf den Thron gesetzt haben. Und der innewohnende Gott ruft ihnen zu, dass sie erwachen sollen, auf dass sie des Lichtes gewahr werden, mit dem Jannis sich eins fühlte, in das er für Augenblicke eingehüllt war, und das er jetzt sah, sich gegenüber, langsam schwächer werdend und kleiner, bis nur noch ein kleiner Schein übrigblieb, der von der Kerze herrührte, die vor ihm stand und in deren Licht er schaute.

Jannis lächelte. Er spürte keine Müdigkeit, sondern einen nie gekannten Kraftstrom in sich, der ihn mit Zuversicht und einem tiefen Frieden erfüllte. Langsam legte er das Buch zur Seite, das immer noch auf seinen Schenkeln lag. Er brauchte nicht mehr zu lesen.

Draußen kündigte sich der neue Tag an. Wie eine Lanze stach der erste Sonnenstrahl über den Grat im Osten und schickte das Licht. Nie hatte sich Jannis dem Himmel so nah gefühlt wie hier. Er empfand ein tiefes Vertrauen in das Leben und er wusste, dass es gerecht war. Es gab ein göttliches Gericht über die Menschenseele, und es war immer wirksam – im Gesetz des selbstgeschaffenen Schicksals, des Karmagesetzes.

Er war im Reinen mit seinem Schicksal. Er war einverstanden. Lächelnd packte er seine Sachen zusammen und lächelnd begann er den Abstieg zum Kloster. Dudjom war der erste, dem er begegnete, und noch immer war das Lächeln nicht aus seinem Gesicht gewichen. Dudjom bemerkte es sofort und empfing ihn strahlend. So lächeln Menschen, die versöhnt waren mit ihrem Schicksal, die im Frieden waren mit der Welt und mit Gott, die etwas gesehen hatten und von dem Weg und der Wahrheit wussten, wahrhaft wussten.

Am nächsten Tag sprach Jannis mit dem Abt. „Ich bin zu der Einsicht gekommen, dass das Leben wie ein Kartenspiel ist. Die Karten sind verteilt worden nach dem Gesetz des Karmas, das wir selbst geschaffen haben. Beim Spielen müssen wir die Regeln beachten, die uns eine Kultur oder eine Gesellschaft auferlegen. Aber wir können in dem vorgegebenen Rahmen gut oder schlecht spielen. Wir können das Beste aus unserem Leben machen oder das Schlechteste. Wir können uns bemühen, das göttliche Ziel zu erreichen, oder wir können uns dagegen entscheiden. Das ist eine Sache unseres freien Willens.

Und noch etwas ist Sache unseres Willens – ob wir die Gnade annehmen, die uns auf den Heilsweg und zum Ziel führt, oder nicht."

„Was willst du nun tun?“, fragte Khyentse.

„Ich will versuchen, die einzig wesentlichen Aufgaben im Leben zu erfüllen: andere lieben zu lernen und echtes Wissen zu erlangen.“

Der Abt nickte bedächtig und seine Augen ruhten voll Mitgefühl und Freude auf Jannis. „Du musst nur wissen, um lieben zu können. Geh deinen Weg unbeirrbar, in seiner ganzen Länge.“

Der schwerste Abschied war der von Dudjom. Zu sehr war ihm sein Lehrer ans Herz gewachsen. Aber das Abschiednehmen hatte auch eine leichte Seite. Immer und überall würde er sich mit ihm verbunden fühlen. Dudjom hatte ihn zum Abschied das erste Mal umarmt. „Ich habe dir zugehört in Mexiko und dir ein Rätsel gegeben in Delphi. Ich war mit dir auf dem Meer und in der Wüste. Ich werde immer bei dir sein und mit dir verbunden.“

Jannis' Augen spiegelten sein grenzenloses Erstaunen wider, aber in seinem Innern regte sich ein Verstehen, unerreichbar für Worte, mit denen er es hätte fassen können. Und auch das war ihm mit einem Male klar: Die letztendliche Wahrheit ist jenseits der Gedanken und Worte zu finden, im Ungesagten. Mit Worten war man wieder in der Polarität, man teilte wieder auf in Ich und etwas, das man wahrnimmt, ein Nicht-Ich und verlor so die Ganzheit, und damit die Wirklichkeit. Er spürte einen tiefen Frieden in sich, den man nur erfährt, wenn man sich dem Ungreifbaren ergeben hat.

Schließlich wandte er sich nach einer letzten Umarmung um und begann den Rückmarsch zu dem Dorf, aus dem er vor Ewigkeiten mit Dudjom hierher gekommen war.

„Jetzt beginnt dein eigentlicher Weg", hatte Dudjom zum Abschied noch gesagt.

Als er über einen kleinen Mauervorsprung sprang und das Klostergelände verließ, rief ihm einer der jüngeren Mönche nach: „Wohin gehst du, Jannis?"

Jannis blieb stehen und sah zurück. „Wohin ich immer gegangen bin. Nach Hause. Immer nur nach Hause."

*

Die Maschine setzte zum Landeanflug an. Jannis sah aus dem Fenster und betrachtete die Lichter der altvertrauten Großstadt, die sich in der beginnenden, klaren Nacht unter ihm ausbreitete. Washington. Wie lange war es her, dass er von hier geflohen war? Es muss ein ganzes Leben her sein, kam ihm in den Sinn. Er wusste, dass nicht mehr als zwei Jahre vergangen waren, da draußen. Aber er hatte das Gefühl, dass er wesentlich mehr Zeit verbracht hatte auf seiner Reise.

Sanft setzte das Flugzeug auf und wurde bald darauf vom Piloten zum Stehen gebracht. Die Passagiere wurden nach dem üblichen Applaus für die gelungene Landung von der Stewardess verabschiedet und strömten über die Gangway ins Flughafeninnere zur Zollabfertigung.

Jannis atmete tief durch. Die Luft war schwer und merkwürdig gewürzt von den Gerüchen der Großstadt und der vielen Menschen. Sie wollte sich kaum atmen lassen, so schien ihm. Ein Gefühl leichter Beklommenheit beschlich ihn. Er dachte an Dudjom und ihm wurde warm ums Herz, die Beklemmung verflog. Er wusste ihn in Gedanken mit sich. Dankbar spürte er, wie die Verbundenheit mit Dudjom ihn mit Kraft und Zuversicht erfüllte. Hier im geschäftigen, pulsierenden Leben der Großstadt würde er seinen weiteren Weg finden. Es war leicht, dachte er, in der geborgenen Abgeschiedenheit eines tibetischen Klosters einen spirituellen Weg zu gehen. Er wusste, dass er hier, in der Stadt, in der er gelebt und aus der er geflohen war, seinen eingeschlagenen Pfad weiter verfolgen musste. Die Erkenntnisse müssen gelebt werden und Niederlagen und Rückschläge würden nicht ausbleiben. Aber er würde seinen Weg nicht mehr verlassen, auch wenn es ein schwerer und schmaler Pfad war und das Gehen auf diesem Pfad ein ständiges Ringen bedeutete.

Jannis ließ sich beim Zoll und bei der Passkontrolle abfertigen und ging zum Förderband, um sein kleines Gepäck abzuholen. Wie oft hatte er hier auf seine Koffer gewartet, wenn er von irgendwelchen Geschäftsreisen zurückgekommen war und es eilig hatte, nach Hause zu kommen. Voller Dankbarkeit dachte er an jene Zeit zurück und voller Liebe dachte er an Elli und die Kinder. Gleich morgen würde er ihre Gräber besuchen.

An der benachbarten Gangway stand eine Maschine aus Los Angeles. Die Passagiere hatten ihr Gepäck bereits abgeholt und ließen sich von Bekannten und Verwandten, die hinter einer dicken Glasscheibe auf sie gewartet hatten, begrüßen und in Empfang nehmen. Auf Jannis wartete niemand. Langsam, aber ohne Zögern, ging er durch die große Halle und schlenderte vorbei an den Geschäften und Cafe's. An einem kleinen Bistro blieb er stehen. Er suchte sich einen Platz, von dem aus er das bunte Kommen und

Gehen beobachten konnte und bestellte sich einen Kaffee. „Was für ein gehetztes Treiben," dachte er. Plötzlich hörte er eine rauhe, belegte Stimme, die ihm bekannt vorkam.

„Jannis! Ich werd' verrückt. Mensch, Jannis!"

Jannis fuhr herum. Er sah in ein altvertrautes Gesicht und seine Züge entspannten sich zu einem Lächeln. Markus. Guter alter Freund. Er stand auf und die beiden Männer umarmten sich. Markus suchte forschend in Jannis' Gesicht.

„Bist du zurückgekommen?", fragte er zweifelnd.

Jannis nickte. Nur mit Mühe brachte er die ersten Worte heraus. „Wie kommt es dass du...?"

„Ich komme gerade aus Los Angeles. Geschäftsreise. Langweilig. Aber wo kommst du her? Komm, setz dich hin und erzähl."

Jannis lachte. „Es ist eine längere Geschichte. Hast du ein bisschen Zeit, für einen Kaffee oder zwei?"

Auch Markus lächelte. Sie setzten sich hin, bestellten sich Kaffee und Jannis begann zu erzählen. Markus konnte, während er Jannis' Worten lauschte, nicht den Blick von ihm wenden, und Jannis war überrascht, wie Markus zuhören konnte und wie gut es ihm tat, dem alten Freund von seiner Reise zu erzählen, von seinen Erlebnissen, Begegnungen und Erkenntnissen. Wieder spürte er die Wohltat eines Menschen, der zuhören konnte. War ihm das früher an Markus nie aufgefallen?

Während Markus die Worte aufnahm, fühlte er mehr und mehr, welche Kraft dieser Mann ausstrahlte, der noch vor nicht allzu langer Zeit ein willenloses Wrack gewesen war. Ja, der Wille war es wohl, den er aufgebracht hatte und das Ziel, das er gefunden hatte und auf das er seinen Willen nun richtete. Er fühlte es mehr, als er es dachte: Jannis war ein anderer geworden, ein gereifter Mensch.

Irgendwann konnte Jannis nicht mehr. Sie bezahlten und gingen hinaus. Verblüfft bemerkten sie, dass sie die ganze Nacht geredet hatten. Die ersten Strahlen der Sonne wurden von den riesigen Fenstern der Hochhäuser reflektiert und kündigten einen neuen Tag an.

„Was ist?", fragte Markus. „Dein Job wartet auf dich und dein altes Leben."

Jannis lächelte und schüttelte leicht den Kopf. Freundschaftlich legte er den Arm um Markus' Schulter und gemeinsam nahmen sie die Richtung zum nächsten Taxistand.

Das Leben rief ihn und Jannis spürte den Zauber, der den neuen Anfang umgab und der ihm helfen würde.

* * *

Danksagung

Mein Dank gilt meiner Frau Ursula für die unterstützenden und inspirierenden Gespräche während der Arbeit an diesem Buch. Besonderer Dank gebührt auch meinem spirituellen Lehrer, Roland Marthaler, für die vielen Erfahrungen und Erkenntnisse, ohne die dieses Buch nicht entstanden wäre.

Jeder muß mal entspannen...

**Was die richtige
Entspannungsmusik
alles bewirken kann:**

- Wohlbefinden fördern
- Schmerzen lindern
- Blutdruck senken
- Muskeln entspannen

Sie hilft auch bei:

- Herz-Kreislauf-Problemen
- Streß
- Schlaflosigkeit
- Tinnitus
- emotionalen Störungen
- Angst
- Depressionen

**Musik aktiviert
die Lebensenergie!**

Die Lebensenergie steigt sofort,
wenn man die „richtige" Musik hört.

**Unsere aus jahrelanger
Seminar-Erfahrung geschaffene
Musik ist die „richtige" Musik.**

Das Reiki-Buch - Heilung und Weg -
Ute Wehrend
Dieses Buch vermittelt das komplette Wissen eines Reiki-Kurses, ergänzt durch langjährige praktische Erfahrungen. Die Autorin legt großen Wert darauf, Reiki (das Dr. Usui-System der natürlichen Heilung) von allen heute praktizierten Ergänzungen und Veränderungen zu befreien und das ursprüngliche Reiki in seiner einzigartigen Schönheit und Schlichtheit herauszufiltern.
Mit den Original-Handpositionen.
Ein not-wendiges Buch auf dem heutigen Reiki-Markt!

Vegetarier braucht die Welt!
Rainer Lange

Ein Buch über die Notwendigkeit der vegetarischen Ernährung. Der Autor zeigt die wesentlichen Merkmale auf, an denen schnell und überzeugend klar wird, was wir uns und unserer Umwelt täglich durch den Verzehr von Fleisch antun.

Mit ausführlichem Verzeichnis der vegetarischen Restaurants in Deutschland.